Gault&Millau

ALM- UND HÜTTENGUIDE TIROL

HERAUSGEBER & CHEFREDAKTION

Martina & Karl Hohenlohe

REDAKTIONELLE LEITUNG ALM- UND HÜTTENGUIDE TIROL

Jürgen Schmücking

2023

www.gaultmillau.at

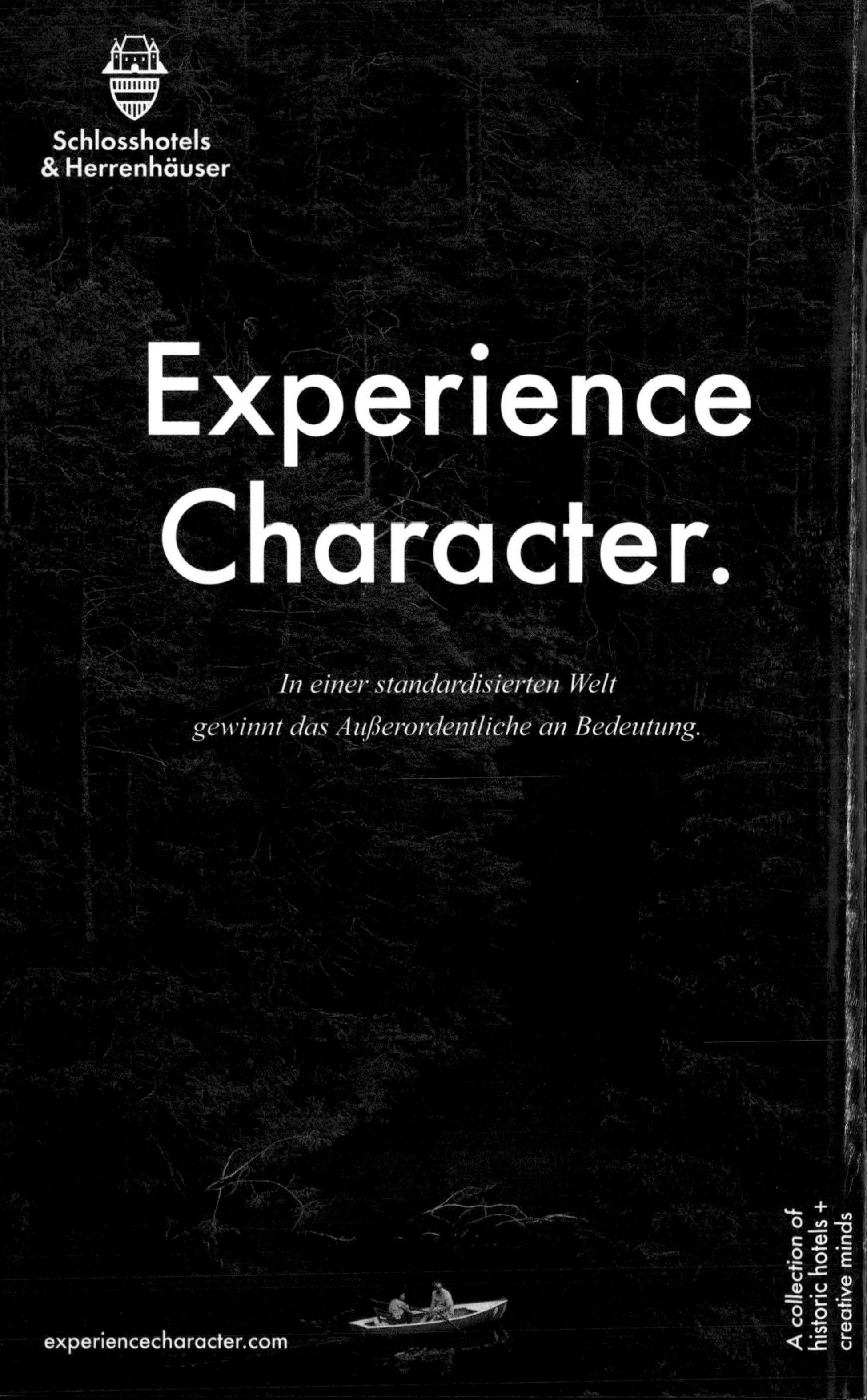
Schlosshotels
& Herrenhäuser
Experience Character.
In einer standardisierten Welt gewinnt das Außerordentliche an Bedeutung.
experiencecharacter.com
A collection of historic hotels + creative minds

Inhalt

Symbole

Hütten, die mit dem Rad/Mountainbike erreichbar sind

© Philipp Lipiarski

Vorwort

Jahr für Jahr erkunden wir mit leichtem Gepäck und festem Schuhwerk die schöne Tiroler Bergwelt und besuchen die schönsten und urigsten Almen und Schutzhütten für Bergfreunde.

Leicht sind unsere Rucksäcke vor allem deshalb, weil wir statt Jausenbox und Thermoskanne mit Block und Bleistift unterwegs sind, um vor allem das kulinarische Angebot der Hütten und Almen unter die Lupe zu nehmen.

Und was uns dabei heuer auffiel, erfreute unser Herz.

In der Tiroler Hüttengastronomie wird Regionalität immer mehr zur Selbstverständlichkeit und Bio-Produkte gewinnen klar an Boden.

Auch Produkte aus eigener Herstellung gewinnen an Bedeutung und Wildbret wird immer beliebter.

Es ist stets ein doppelter Genuss: der Reiz der Tiroler Bergwelt, das atemberaubende Panorama, die kristallklare Luft und herrliche Wege und Steige auf der einen, der „Lohn", die Stärkung, auf der anderen Seite. Wir haben heuer wieder 180 Almen und Hütten besucht und dabei echte Perlen entdeckt. Das Ergebnis, die sechste Ausgabe des Tiroler Hüttenguides, halten Sie in Ihren Händen.

Wir wünschen Ihnen ein kräftiges Berg (oder Ski) Heil, spannende Erlebnisse und viel Genuss auf dem Weg zu den Gipfeln Tirols.

Herzlichst

Martina und Karl Hohenlohe

Alle Fotos: © Jürgen Schmücking

Almhütte des Jahres 2023

Friedrichshafener Hütte

Seit über 100 Jahren thront die massive Friedrichshafener Hütte über der Muttenalpe oberhalb von Ischgl und Galtür. Die Geschichte der Hütte ist eng mit der Geschichte der Sektion Friedrichshafen des Deutschen Alpenvereins verbunden. Der erste Vorsitzende dieser Sektion war Graf Zeppelin, der Bruder des legendären Luftschiffkonstrukteurs vom Bodensee.

Die heutige Friedrichshafener Hütte entstand auf den Weidegründen der Alpgenossenschaft Muttenalpe, etwa dort, wo der Ziegenstall der Alpe war. Der Anstieg zur Hütte dauert, von Galtür kommend, knapp drei Stunden und kann auch von Familien mit Kindern gut bewältigt werden.

Der Ausblick, den man dann von der Hütte auf die Verwallgruppe hat, ist überwältigend.

Mit einer zweitägigen Tour kann man von der Friedrichshafener zur Heilbronner und weiter zur Wormser Hütte weiterwandern.

Die Hütte ist auch Teil des Projekts „Kulinarischer Jakobsweg", bei dem Chefs der heimischen Spitzengastronomie ein Gericht – speziell für eine bestimmte Hütte – kreieren. Heuer waren es die #YoungChefsPaznaun (also Christopher Fritz, Hermann Zangerl, Thomas Sieberer, Fabian Jäger und Tobias Jungmann), die das Gericht für die Friedrichshafener Hütte kreierten: Alpina-Schlutzkrapfen mit Paprika, Chorizo und Frischkäse. Aber auch die reguläre Karte kann sich sehen lassen: Sie ist hüttentypisch und die Gerichte sind ausgezeichnet – besonders die Marendplatte mit Verwaller Spezialitäten, der „Stramme Seppl", ein zünftiger Schwarzbrottoast, und die Erdäpflblattln mit Sauerkraut.

Friedrichshafener Hütte
6562 Ischgl
Wirl 2a
www.dav-fn.de/verein-12/fnhuette

LEGENDE

○ Orte allgemein

Almhütten

Almhütte des Jahres

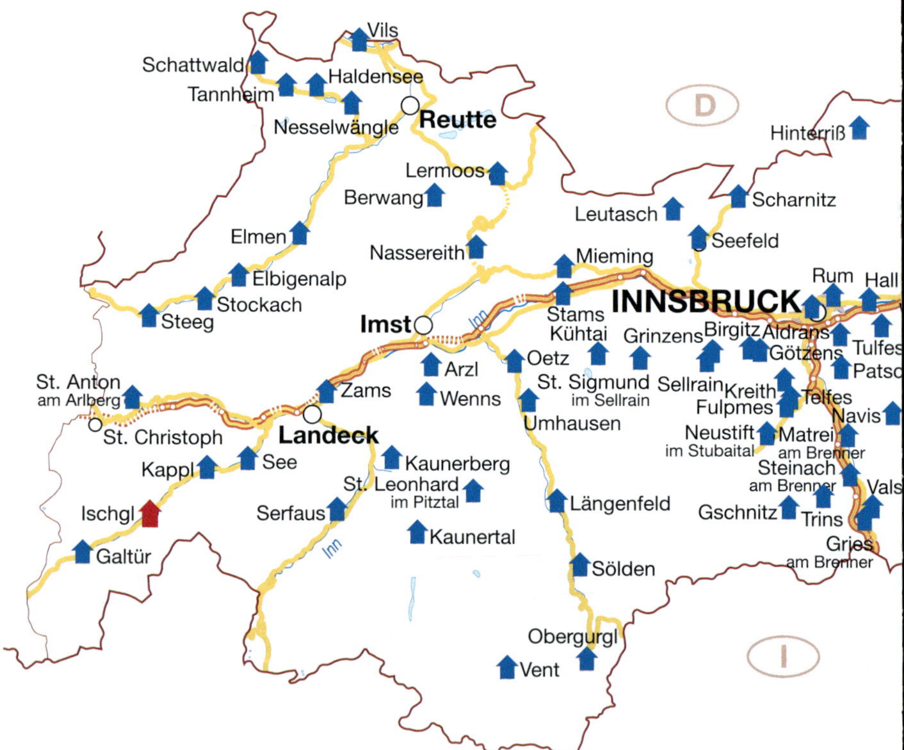

Kössen
Rettenschöss
Ebbs
Waidring
Thiersee
Erpfendorf
Kufstein
Kirchdorf in Tirol
Achenkirch
Schwoich
Ellmau
St. Johann in Tirol
Söll
Achensee
Brandenberg
Oberndorf in Tirol
Fieberbrunn
Pertisau
Inn
Wörgl
Brixen im Thale
Münster
Kundl
Kitzbühel
Brixlegg
Wildschönau
Kirchberg in Tirol
Aurach
Maurach
Reith im Alpachtal
Alpbach
Schwaz
erfens
Fügenberg
Kelchsau
Jochberg
Pill
Kaltenbach
Weerberg
Hochfügen
Stumm
attens
Gerlos
Wattenberg
Zell am Ziller
Hippach
Ramsau
Finkenberg
Mayrhofen im Zillertal
Tux
Ginzling
Kals am Großglockner
Prägraten
Matrei
St. Jakob in Defereggen
Hopfgarten in Defereggen
Innervillgraten
Lienz
Dölsach
Lavant
Außervillgraten
Kartitsch
Obertilliach

DIE BESTEN ALMHÜTTEN FÜR GOURMETS

DIE BESTEN ALMHÜTTEN FÜR
DIE FAMILIE

DIE BESTEN ALMHÜTTEN IM SOMMER

DIE BESTEN ALMHÜTTEN IM WINTER

DIE BESTEN ALMHÜTTEN MIT EIGENEN PRODUKTEN

Tirol

Respektvolles Miteinander auf unseren Almen

Sowohl am Berg als auch auf der Alm gibt es gewisse **Spielregeln,** die für ein ungetrübtes Erlebnis und ein gutes Miteinander sorgen. Wer diese beachtet, hilft der Natur, der Landwirtschaft und nicht zuletzt den Erholungssuchenden selbst.

2.100 bewirtschaftete Almen gibt es in Tirol. Die Ruhe, die idyllische Lage gepaart mit hochwertiger Kulinarik und der typischen Tiroler Gastfreundschaft verliehen den Almen schon immer eine besondere Anziehungskraft. Diese **Sehnsucht nach Freiheit und Erlebnissen** in der alpinen Natur wurde durch die Corona-Pandemie noch einmal verstärkt.

Die Alm ist nicht nur Sehnsuchts- und Entspannungsort für die Menschen, sondern vor allem auch Zuhause für die Weidetiere. Deshalb gilt es, gewisse Regeln zu beachten und vor allem den Tieren und der Natur mit Respekt zu begegnen.

NATUR SCHÜTZEN UND ERHALTEN

Damit das Wandererlebnis für alle zum Genuss wird, gilt es, gewisse Regeln zu beachten. Ein verantwortungsvolles Verhalten dient nicht nur der eigenen Sicherheit, sondern soll vor allem auch helfen, die Natur in unseren Bergen zu schützen und zu erhalten. Keine Abfälle zurückzulassen, Lärm zu vermeiden, Pflanzen unberührt zu lassen und auf den markierten Wegen zu bleiben, sollte eigentlich selbstverständlich sein. Ganz wichtig ist aber auch, Wild- und Weidetiere nicht zu beunruhigen.

VORSICHT BEI DER BEGEGNUNG MIT WEIDETIEREN

Das sollte in erster Linie aus Respekt der Landwirtschaft gegenüber passieren. Unsere Bäuerinnen und Bauern sorgen mit viel Einsatz für den Erhalt der Almwirtschaft. Dazu gehört das Weidevieh und hier ist bei Begegnungen eine gewisse Vorsicht geboten. Deshalb kommunizieren Land, Landwirtschaftskammer und Tirol Werbung zehn Verhaltensregeln für den richtigen Umgang mit Weidevieh. **„Begegnen Sie den hier arbeitenden Menschen, der Natur und den Tieren mit Respekt“** lautet die letzte Regel zusammenfassend. Denn gegenseitiger Respekt führt zu Verständnis, Rücksichtnahme und schlussendlich zu einem angenehmen Miteinander auf unseren Almen.

Auf den Tiroler Bergen finden Sie jede Menge Gastlichkeit, Genuss und Kulinarik auf hohem Niveau.

www.tirol.at/wandern

10 VERHALTENSREGELN FÜR DEN UMGANG MIT WEIDEVIEH

1. Kontakt zum Weidevieh vermeiden, Tiere nicht füttern, sicheren Abstand halten!
2. Ruhig verhalten, Weidevieh nicht erschrecken!
3. Mutterkühe beschützen ihre Kälber. Begegnung von Mutterkühen und Hunden vermeiden!
4. Hunde immer unter Kontrolle halten und an der kurzen Leine führen. Ist ein Angriff durch ein Weidetier abzusehen: Sofort ableinen!
5. Wenn Weidevieh den Weg versperrt, mit möglichst großem Abstand umgehen!
6. Wanderwege auf Almen und Weiden nicht verlassen!
7. Bei Herannahen von Weidevieh: Ruhig bleiben, nicht den Rücken zukehren,den Tieren ausweichen!
8. Schon bei ersten Anzeichen von Unruhe der Tiere Weidefläche zügig verlassen!
9. Zäune sind zu beachten! Falls es ein Tor gibt, dieses nutzen, danach wieder gut schließen und Weide zügig queren!
10. Begegnen Sie den hier arbeitenden Menschen, der Natur und den Tieren mit Respekt!

Herausgeber	Karl Hohenlohe, Mag. Martina Hohenlohe
Chefredakteurin	Mag. Martina Hohenlohe
Redaktionelle Leitung	
Hüttenguide	Jürgen Schmücking, MA, *juergen@schmuecking.bio*
Produktionsleitung	Paul Golger, *paul.golger@gaultmillau.at*
Mitarbeiter der Redaktion	Derya Metzler, *derya.metzler@gaultmillau.at*
Technische Umsetzung	i-security, 1050 Wien Blacksheep Productions
Lektorat	Das Textatelier, Mag. Sandra Bak, *office@das-textatelier.at*
Landkarten	ARGE KARTO, Mag. Herwig Moser, 3152 St. Georgen, *arge.karto@aon.at*
Leserservice Österreich	*leserservice@gaultmillau.at* Gault&Millau, Strohgasse 21a, A-1030 Wien, Tel.: +43(0)1/7124384-25
Internet	www.gaultmillau.at
Vertrieb A	Mohr-Morawa, Wien, Tel.: +43(0)1/680140
Vertrieb D/CH	Libri GmbH, Friedensallee 273, 22763 Hamburg, Tel.: +49 (0)40 85 39 80, *libri@libri.de*
Leitung Marketing & Sales	Josef Jungmann, *josef.jungmann@gaultmillau.at*
Marketing & Sales	Sebastian Bock, BA, *sebastian.bock@gaultmillau.at* Oliver Gattringer, MA, *oliver.gattringer@gaultmillau.at* Stefanie Haring, BA, *stefanie.haring@gaultmillau.at* Jennifer Rahberger, B.Ed., *jennifer.rahberger@gaultmillau.at*
Layout & Satz	Sophie Wurnig, BA, *sophie.wurnig@gaultmillau.at*
Herstellung/Herstellungsort	Druck Styria GmbH & Co KG, A-8042 Graz, www.styriaprintgroup.com
Verlag	KMH Media-Consulting GesmbH, Strohgasse 21A, A-1030 Wien, Tel: +43/(0)1/7124384-29 © by GaultMillau S. A. © by KMH Media Consulting GesmbH Registered Trademark
ISBN	978-3-9505094-5-8

ARZL IM PITZTAL

IMST

KIELEBERGALM

Unweit des Naturparks Kaunergrat liegt im Pitztal die Kielebergalm. Der Forstweg verläuft beim Matzleswald rechts in Richtung der Alm. Nach einer Gehzeit von etwa 15 bis 20 Minuten biegt man bei der Weggabelung links in Richtung Stein/Kielebergalm ab. Die Forststraße endet dann kurz vor der Kielebergalm, der Steig führt weiter direkt zur Alm. Anschließend rechts halten und über den Wirtschaftsweg, immer links abbiegend, zurück nach Matzleswald. Die Speisekarte auf der Alm ist äußerst klassisch, mit Spezialitäten wie Graukassuppe, diversen Knödeln und natürlich Schmarren.

Tel: 05412 6530
0660 346 22 25

6471 Arzl im Pitztal

LEINER ALM

Die Leiner Alm, auf einer Seehöhe von 1.836 Meter im Wandergebiet Hochzeiger gelegen, ist bei Wanderern überaus begehrt und beliebt. Ausgangspunkt dafür bildet der Weiler Krabichl zwischen Leins und Wald, dann rechts dem Forstweg bis zur nächsten Weggabelung folgen, anschließend dem Forstweg in Richtung Hilterbodenkapelle. Auf der Alm wartet schließlich bodenstandige Almküche mit all den Klassikern, die das Herz nur begehren können. Vor allem der Apfelstrudel, aber auch der hausgemachte Kaiserschmarren sind eine echte und unbedingte Empfehlung wert.

Tel: 0664 280 68 28

6471 Arzl im Pitztal
Untergasse 25

www.leineralm.at
info@leineralm.at

tgl. 10–17 Uhr

© TVBPitztal

KÜHTAI

IMST

DORTMUNDER HÜTTE

Die Bergbahn bringt einen ganz gemütlich zur Dortmunder Hütte. Wenn man das denn will. Dann liegt sie jedenfalls nur ein paar Gehminuten von der Station entfernt. Allerdings entgeht einem dann das unvergessliche Erlebnis des Aufstiegs. Und natürlich auch die Touren, die zur Hütte führen. Wirklich überraschend ist aber eigentlich die Küche. Man spürt tatsächlich die Leidenschaft, mit der hier ans Werk gegangen wird. Die heimische Alm- und Hausmannskost ist wunderschön angerichtet, die Knödel sind sensationell, die Jausen und Pfannengerichte großartig.

Tel: 05239 5202
0664 393 5878
6183 Kühtai
www.dortmunderhuette.at
info@dortmunderhuette.at

© Dortmunder Hütte

LÄNGENFELD

IMST

STABELEALM

Damit das geklärt ist: Die Stabelealm ist nicht die Stabele Schirmbar in Sölden und auch nicht die Stablalm im Lechtal. Es ist vielmehr eine kleine Alm nahe von Längenfeld. Sie hat sich über die Jahre gewandelt: Vor einigen Jahren weideten nur ein paar vereinzelte Rinder rund um die Alm, mittlerweile ist die Herde doch deutlich gewachsen. Die Alm ist zwar immer noch klein, doch das Essen ist sehr herzhaft: Solide Almkost, von der man das „Hofenkraut" (Sauerkraut mit Geselchtem und Würsten) oder das Bergpfandl – ebenfalls Sauerkraut, aber mit Schlutzkrapfen und Käsknödel – probierten haben muss.

Tel: 05253 6312
0664 500 4375
6444 Längenfeld
www.gstreinshof.com
info@gstreinshof.com
täglich 10–18 Uhr

© StabeleAlm

SULZTALALM

Wer eine kleine Almwirtschaft sucht, der findet sie in der Sulztalalm nicht wirklich. Denn sie gehört zu den Platzhirschen unter den Almen des Landes. Einige hundert Tiere verbringen an diesem schönen Platz den Almsommer, vorwiegend sind es Schafe, aber auch Kühe und Ziegen weiden hier. Die Verpflegung ist schließlich das, was auf Tiroler Almen üblich ist, die Qualität stimmt aber durchwegs. Die Käsespätzle mit Röstzwiebeln sind ganz ausgezeichnet, die herzhafte Marende mit allerhand Produkten aus der Nachbarschaft ist ein Genuss.

Tel: 0676 511 5370
6444 Längenfeld
Gries 14
reichgabriel92@gmail.com
tgl. 11.30–16.30 Uhr
Mai und November 2023

WINNEBACHSEEHÜTTE

Mehr Idylle geht tatsächlich nicht, denn die Lage der Hütte ist bezaubernd: Sie liegt an einem kristallklaren, kleinen Gebirgssee, der der Hütte ihren Namen gibt, und an einem kleinen Wasserfall. Gebaut und geplant wurde die Winnebachseehütte im Jahr 1900, als die Sektion Frankfurt an der Oder des Deutschen Alpenvereins die Entscheidung traf, dem Flecken im Norden über Gries im Sulztal eine Schutzhütte angedeihen zu lassen. Diese Hütte, die auf stolzen 2.372 Metern Seehöhe und damit auf einer wirklich ordentlichen Höhe liegt, bietet außergewöhnlich Gutes. Was auf die Teller kommt, ist regional, das Fleisch stammt von Ötztaler Bauern und auch an eine vegetarische Alternative denkt man hier.

Tel: 05253 5197
6444 Längenfeld
Gries 30
www.winnebachseehuette.com
winnebachseehuette@aon.at

© Winnebachseehütte

WURZBERGALM

Besser könnte man es nicht sagen als der Wirt, Erich Holzknecht, höchstpersönlich: „Unsere Speisekarte ist einfach, aber dennoch raffiniert", schreibt er auf der Homepage des Hauses. Das trifft vor allem deshalb so gut zu, weil die alpine Kulinarik auf der Wurzbergalm eine lange Tradition hat und ihren Ausdruck in Bauernspeck, Speck- und Pressknödelsuppe, Alm-Käsespätzle, Jausenteller (natürlich mit Obstler), legendären süßen Köstlichen wie Heidelbeeromelett (in Tirol als Moosbeernocken bekannt) oder Ramonas Apfelstrudel findet. Wer dazu noch ein Glas frische Almmilch genießt, erlebt auf der Wurzbergalm wahrlich paradiesische Zustände.

Tel: 0664 985 83 07
6444 Längenfeld
Unterried 69
www.wurzbergalm-oetztal.at
erich.holzknecht
@hotmail.com
Mo–So 10–18 Uhr
variabel

MIEMING — IMST

COBURGER HÜTTE

Eine ganze Reihe von Gründen spricht dafür, der Coburger Hütte einen Besuch abzustatten. Da wäre einmal das fantastische Bergpanorama, das von der Sonnenspitze und dem Drachenkopf rüber zur Marienbergspitze, dem Grünstein bis zum Tajakopf reicht. Und das sind noch nicht mal alle Gipfel, die von hier aus zu sehen sind. Auch die Verpflegung ist erstklassig: einfach, frisch, vielfältig und ausgesprochen gut. Der Schweinsbraten muss da genannt werden: mit Sauerkraut und Knödel einfach herrlich und schmackhaft. Oder die Hauswurst. Oder das Rindsgulasch. Eigentlich ist alles hier richtig gut.

Tel: 0664 325 4714
6414 Mieming
www.coburgerhuette.at
office@coburgerhuette.at

© Tirol Werbung Haindl Ramon

STÖTTLALM

Auf der Stöttlalm am Mieminger Plateau kann geheiratet werden, aber auch ein Spaziergang oder ein kleiner Lunch während einer Golfrunde ist im Bereich des Möglichen. Unabhängig von der Besuchsintention, ist der Ausblick schlicht ein Genuss. Dank der Speisekarte kann man dazu zusätzlich eine kleine Reise durch die Kulinarikwelt antreten. Tirolerisch-Alpine Klassiker wie St. Johanner Würstel, Kasspatzeln und Pressknödel stehen genauso auf der Karte wie Bowls, Scampipfannen oder Teller mit Vulcanoschinken und Parmesan. Eindeutiger und einfacher ist die geografische Zuordnung des Gins, der im Gin-Tonic landet: Der „Wacholderbär" ist ein waschechter Tiroler von Clemens Strobl und Schnaps-Zampano David Gölles.

Tel: 0699 152 122 00

6414 Mieming
Obermieming

www.stoettlalm.at
events@schwarz.at

tgl. 9.30–17 Uhr, Betrieb ganzjährig geöffnet

NASSEREITH

IMST

NASSEREITHER ALM

Es müssen wohl Tausende sein, die an Nassereith vorbeikommen, wenn es sie in Richtung Fernpass treibt. Das ist bedauerlich, denn eigentlich ist die kleine Ortschaft sehenswert und hat auch was zu bieten. Noch dazu ist die Nassereither Alm – eine wirklich kleine, feine Alm – nicht allzu weit weg. Die dort zubereitete frische Almkost, mit selbst gemachten Mehlspeisen und hervorragender Buttermilch, ist eine Einkehr wert. Nicht zu vergessen ist auf den Graukas oder auf eine der deftigen Brotzeiten und Marenden. Die Wanderung lohnt auch, weil das Panorama herrlich, die Seen sehenswert und die Herzlichkeit vor Ort groß ist.

Tel: 0660 656 7467

6465 Nassereith

www.nassereither-alm.at

Bei der Zusammenstellung dieses Guides ließen wir größtmögliche Sorgfalt walten, trotzdem können Daten falsch oder überholt sein. Eine Haftung können wir auf keinen Fall übernehmen.

OBERGURGL IMST

RAMOLHAUS

Hotel Edelweiss & Gurgl

3.000 Meter Seehöhe sind schon was: Damit gehört das Ramolhaus zu einer der höchstgelegenen bewirtschafteten Hütten des Deutschen Alpenvereins. Die Hütte liegt nahe dem Gurgler Ferner und in den Ötztaler Alpen. Nicht nur die Höhe an sich ist eine Ansage, sondern das Ramolhaus kann auch eine spannende Historie vorweisen. Im Jahr 1881 wurde es errichtet, mittlerweile mehrmals erweitert und renoviert. Heutzutage ist die Ausstattung zeitgemäß, das Essen auf einem guten Niveau mit Qualitätsanspruch. Das ist naheliegend, denn die Gastgeber haben sich der kulinarischen Aktion „So schmecken die Berge“ angeschlossen.

Tel: 05256 6223

6456 Obergurgl
Ramolweg 5

www.edelweiss-gurgl.com
info@edelweiss-gurgl.com

ZIRBENALM

Die Zirbenalm im Ötztal ist eigentlich eine Skihütte. Doch auch im Sommer ist sie mit demselben Lift – und verbunden mit einer kleinen Wanderung – bestens erreichbar. Den Wanderer erwartet hier keine klassische Alm, sondern eher ein trendbewusster Berggasthof mit Hang zu einigem Kulinarik-Klimbim. Ausgehend von „Omas Rezepten“ geht es mit den guten Zutaten in Richtung Regionalität – dank lokaler Bauern. So finden sich auf der Speisekarte etwa im Heu gegarte alpine Burger mit Schmelzzwiebeln, Bergkäse und Wirtshauspommes oder Rindertatar mit resch-knackigem Wurzelbrot. Auch an die süße Fraktion wurde gedacht: Diese findet nicht nur Schmarren und Strudel, sondern auch Marillenpalatschinken, der wahrlich nicht zu den schlechtesten zählt.

Tel: 05256 6332

6456 Obergurgl
Gaisbergweg 25

www.zirbenalm.at
feiern@zirbenalm.at

OETZ

IMST

ARMELEN HÜTTE

Die Armelen Hütte liegt im Ötztal. Dort wird sie bereits auf der Hauptstraße gut angeschrieben. Im Angebot sind regionale und solide Klassiker der Tiroler Alm- und Hüttenkost, teils mit Produkten aus eigener Landwirtschaft und verfeinert mit Kräutern aus dem eigenen Garten. Das Herz der Küche ist der alte Holzofen, in dem geschmort und gebacken wird, was das Zeug hält. Auf Vorbestellung gibt es aus diesem Backofen auch Holzofenpizzas, die man sich nicht entgehen lassen sollte. Rund um die Hütte können Kinder die Almtiere erkunden – von Kühen bis zu Ziegen.

Tel: 0664 200 2590

6433 Oetz
Kühtaier Straße 14

armelen-huette@gmx.at

© Armelen Hütte

ST. LEONHARD IM PITZTAL

IMST

HANAUER HÜTTE

Kein Wunder, dass die Hanauer Hütte als Ausflugsort in den Lechtaler Alpen so beliebt ist. Dafür sorgt nämlich schon mal die eindrucksvolle Bergkulisse mit der Dremelspitze (2.733 Höhenmeter) und das für seinen Blütenreichtum bekannte Hochkar des Parzinn. Wer diese wunderschöne Gegend aufsucht, bekommt aber auch eine außergewöhnlich gute und herzliche Bedienung geboten. Auch Familien und Kindergruppen sind hier gerne gesehen. Für diese Zielgruppe gibt es in der näheren Umgebung alles, was das Herz begehrt. Für die Kleinsten im Bunde wurden zudem eine Kinderspielecke und ein Spielplatz eingerichtet.

Tel: 0664 266 9149

6481 St. Leonhard im Pitztal
Piösmes 208

www.hanauer-huette.de
hanauer.huette@aon.at

SÖLDEN IMST

ALMWIRTSCHAFT GAMPE THAYA

Seit 2014 ist die Almwirtschaft Gampe Thaya eine mit Brief und Siegel zertifizierte „GenussHütte" der Genuss Region Österreich. Damit werden Hütten und Almen ausgezeichnet, die ausschließlich Lebensmittel der entsprechenden Genuss Regionen verarbeiten. Aus Tirol sind das die Oberländer Äpfel, die Oberinntaler Erdäpfel, das Tiroler Grauvieh und das Nordtiroler Gemüse. Bemerkbar macht sich das auch auf der Karte und auf den Tellern. Die Gampe Thaya ist jedenfalls die erste Ötztaler Hütte, der diese Ehre zuteil wurde. Das Carpaccio vom Grauvieh ist atemberaubend gut und auch die Gerichte mit dem hauseigenen Gampe-Almkäse sind eine Empfehlung.

Tel: 0664 246 6246
6450 Sölden
Gampe Alm 1/Postfach 12
www.gampethaya.at
info@gampethaya.at
Di–So 9.15–17 Uhr
✱ Mai–Mitte Juni, Okt.–Mitte Nov. 2023

© Tirol Werbung Bauer Frank Sölden

GAISLACHALM

Auf knapp über 2.000 Metern gelegen, ist die Gaislachalm der älteste Berggasthof im Ötztal. Die Möglichkeiten im Sommer sind vielfältig und vielseitig. Da wären etwa Fliegenfischen im eigenen Teich oder ein Streichelzoo für Kinder, inklusive der Option zum Ponyreiten. Die Hüttenwirte sind selbst Jäger, was sich kulinarisch auswirkt, denn Wildgerichte aus eigener Jagd stehen auf der Karte. Zudem gibt es Fische aus dem eigenen Teich und Fleisch vom Fleischer im Ort. Die Jausen und Marenden sind üppig, deftig und mittlerweile weit über das Ötztal hinaus bekannt. Auch schön: Dienstags spielt eine Band und es wird gegrillt, Fondues (Fisch und Fleisch) sind auf Vorbestellung zu haben.

Tel: 05254 2914
0664 530 5971
6450 Sölden
Gaislach 18
www.gaislachalm.com
info@gaislachalm.com

SAHNESTÜBERL

Das Sahnestüberl ist eine Hommage an den Tourismus – dank des deutschen Tourismus, um genau zu sein. Sahne kommt jedenfalls nicht auf den Tisch: Es gibt großartigen Kaiserschmarren, natürlich ganz ohne Sahne. Dass dieser mittlerweile so beliebt ist, dass man bei schönem Wetter länger als die normalen, aber gerechtfertigten 20 Minuten warten muss, ist dabei legitim. Denn einen besseren wird man im Tal sehr lange und womöglich gar nicht finden.

Tel: 0680 203 6948
6450 Sölden
Zwieselsteintajen 6

SIEGERLANDHÜTTE

Einfach mal so raufspazieren, ist bei der Siegerlandhütte sicher nicht das große Thema. Schließlich liegt sie im hintersten Windachtal, das wildromantische Ötztaler Hochtal, auf dem auch Yaks und die Herde der wilden Zackelschafe von Michael Wilhelm ihr zu Hause haben. Der Weg zur Hütte ist lang und mühsam, was auch erklärt, warum die meisten gleich ein paar Tage oben verbringen. Die Speisen dort sind einfach, aber sehr gut. Man bekommt solide Hüttenkost und vor allem großartigen Kuchen und Mehlspeisen kredenzt. Dazu gibt es am Abend oftmals Mitsing-Einladungen samt Liederhefte für die Gäste.

Tel: 0664 241 4040
6450 Sölden
Hütten Sölden 203

www.siegerlandhuette.com
office@siegerlandhuette.com

© Theresa Fiegl

STALLWIES ALM

Entspannt und ruhig liegt die Stallwies Alm auf der anderen Seite von Sölden. Lifte gibt es zwar zu sehen, doch der Wintertrubel ist weit entfernt. Auf dieser Seite ist man auf der Genießerseite und kann die Ruhe des Windachtals voll genießen. Auch weitere Hochgebirgstouren sind denkbar, etwa zum Laubkarsee, zur Hochstubaihütte, zum Söldenkogl oder zur Siegerlandhütte. Unbedingt probieren muss man aber die urige Hüttenkost und die sensationellen Speckjausen, die üppigen Brotzeiten und die gute Wurst.

Tel: 05254 2331
0664 501 1389
6450 Sölden
Windaustraße 27

www.stallwiesalm.at
info@stallwiesalm.at

STAMS

IMST

STAMSER ALM

Eile mit etwas Weile. Der Anstieg ist nicht sonderlich anspruchsvoll, doch Zeit sollte man haben. Im Ortskern von Stams beginnt dieser und führt vorbei an einer kleinen Kapelle, zu Beginn entlang einer Straße zum Weiler Hauland. An den letzten Häusern vorbei geht es auf einen Forstweg weiter hinauf, Abzweigungen sollte man unbedingt unberücksichtigt lassen. Bei dem Jagdhäuschen quert man den Stamser Bach und folgt der Fahrstraße schließlich durch den Pillwald weiter, bis der Weg dann direkt zur Stamser Alm führt. Für die Wandergeduld belohnen dort oben dann die deftigen Jausen und die gute, herzhafte Tiroler Almkost, die man sich wahrlich verdient hat.

Tel: 0664 126 1777
6422 Stams
Stamser Alm 1

© Tirol Werbung Koopmann Jörg

UMHAUSEN

IMST

HINTERE FUNDUSALM

Urig und gemütlich sind Begriffe, die einem bei der Hinteren Fundusalm sofort in den Sinn kommen. Die gemütliche Jausenstation liegt im Fundustal nahe des Fundussees. Die Einsamkeit und die Ruhe der Natur, die sich hier finden lassen, sollten in vollen Zügen genossen werden. Auch der See, den man auf jeden Fall besuchen sollte, und die grünen Wiesen laden zu einer ausgiebigen Rast ein. Aber auch schlemmen empfiehlt sich: Neben frischen Almprodukten – Milch, Käse, Butter, Buttermilch und Joghurt – gibt es originale Rezepte aus der traditionellen Küche des Ötztals. Das wären also sämtliche Alm- und Hüttenklassiker der alpinen Kulinarik und im ganz konkreten Fall vor allem auch herzhafte Brettljausen.

Tel: 05255 5858
6441 Umhausen
Tumpen 238

JAUSENSTATION BICHL

Im schönen Ötztal findet man die Jausenstation Bichl. Am Ortsende von Umhausen geht eine Straße nach links, dann gleich wieder nach rechts auf die Niederthaier Straße in Richtung Ötzi-Dorf. In der Jausenstation wird ötztalerisch gekocht, also landes- und gebietstypisch. Gediegene Tafelkultur mit viel Liebe zum Detail bei der Speisepräsentation spricht für diese Jausenstation. Hier kocht man immer frisch und mit Zutaten aus der Region. Auch das Tierwohl hat man im Blick. Unbedingt probieren sollte man die wunderschönen Torten, die herzhaften Jausenbretter und den gar köstlichen Inhalt in den gusseisernen Pfannen. Ebenfalls top: das selbst gebackene Brot.

Tel: 05255 5532
0664 210 8972

6441 Umhausen
Niederthai 3

www.bichl.riml.com
info@bichl.net

Do–Di 11–18 Uhr
✱ variabel

VENT — IMST

BERGGASTHAUS ROFENHOF

1280 werden die Rofenhöfe im Ötztal erstmals urkundlich erwähnt. Auf 2.000 Metern nahe Vent findet man sie, sie waren zudem lange ein Zufluchtsort, der Steuerfreiheit genoss. Genießen auf andere Art und Weise kann man heute – und zwar Almkost vom Feinsten. Es gibt pikante Hauswurst, Kasknödel oder geräucherten Fisch. Weil viele Wanderer mit unterschiedlichen Erwartungen und Vorlieben des Weges kommen, ist auch die Speisekarte vielfältig und ausdifferenziert. Um auf die andere Seite des Bachs zu kommen, steht heute eine moderne und sichere Hängebrücke parat.

Tel: 05254 8103

6458 Vent
Rofenstraße 3

www.rofenhof.at
info@rofenhof.at

© Tirol Werbung Aichner Bernhard

BRANDENBURGER HAUS

Oberhalb der Scheidelinie zwischen Gepatsch- und Kesselwandferner, hoch über der Gletscherwelt der Ötztaler Alpen, da thront das Brandenburger Haus. Die grandiose Aussicht belohnt für den doch herausfordernden Aufstieg: Der Zugang ist nur über den Gletscher mit spaltenreichen Stellen möglich, sodass eine Seilschaft mehr als empfehlenswert ist. Die Küche überrascht dann zum Glück. Die vorhandenen alpinen Hüttenklassiker sind allesamt sehr gut und auch Ausflüge in die europäische Küche werden unternommen. Der Koch, ein Tscheche, ist „besternt" und hat in Prag in sehr guten Häusern gearbeitet und gewirkt.

Tel: 0720 920308

6458 Vent
Kaunertal 209

www.brandenburgerhaus.at
info@brandenburgerhaus.at

tgl. 11–22 Uhr
✱ bis Mitte Juni 2023

WENNS IMST

MUTTEKOPFHÜTTE

Die Panoramalage ist wirklich außergewöhnlich: Die Muttekopfhütte liegt am Lechtaler Höhenweg, am Adlerweg und am E4-Fernwanderweg. Zu Fuß erreicht man sie einfach über die Forststraße zur Obermarkter Alm/Latschenhütte vom Imster Ortsteil Rastbühel aus (an der Hahntennjoch-Passstraße). Doch Achtung: Der Weg ist für Privatautos gesperrt. Sollte dann doch eine Aufstiegshilfe gebraucht werden, dann ist auch der Sessellift noch da. Oben findet sich jedenfalls ein sicherer Kulinarikhafen: Die Salate „Ziegenpeter" (natürlich mit Ziegenkäse) oder „Panzanelle à la Mutte" (vegan) sind restlos überzeugend, ebenso wie das Strudelduett.

Tel: 05414 86456
0664 123 6928

6473 Wenns
Oberdorf 239

www.muttekopf.at
info@muttekopf.at

tgl. 11.30–16 und 18–20 Uhr,
29. Mai bis 26. Oktober 2023

INNSBRUCK INNSBRUCK

ARZLER ALM

Die Arzler Alm ist beliebtes Ausflugsziel und gastronomischer Treffpunkt auf über 1.000 Meter Seehöhe. Sie ist als „GenussHütte" ausgezeichnet und bietet daher Köstlichkeiten, die aus der Region kommen. Zu Recht ausgesprochen beliebt sind das Knödeltris mit knackigem Salat, die Gerstlsuppe oder etwa der Schweinsbraten, frisch aus dem Rohr, mit Erdäpfeln und Kraut. Im Herbst finden auf der Arzler Alm außergewöhnliche Törggelen-Veranstaltungen statt. Außerdem kommen die meisten Zutaten aus der familieneigenen Landwirtschaft.

Tel: 0664 6553 395

6020 Innsbruck
Rosnerweg 113

www.arzleralm.at
info@arzleralm.at

UMBRÜGGLER ALM

Hier sind die Innsbrucker heimisch. Die Umbrüggler Alm ist fast wie ein zweites Wohnzimmer und jedenfalls DAS Ausflugsziel schlechthin. Verständlich, denn die Alm liegt nah und ist recht einfach zu erreichen. Der Ausblick oben ist dennoch herrlich. So wie das Essen: Kulinarisch kann sich die „Umbrüggler" mit den guten Restaurants der Gegend messen. Die Gerichte sind geschmacklich außergewöhnlich, auch deren Präsentation stimmt. Das Törggelen oben hat uns begeistert: Spinatschlutzer zum Niederknien, Apfelradel ebenso. Dazwischen gab es eine großartige Schlachtplatte mit Blut-, Leberwurst und Surfleisch.

Tel: 0664 324 4543

6020 Innsbruck
Umbrüggleralmweg 36

www.umbrueggleralm.at

ALDRANS — INNSBRUCK LAND

ALDRANSER ALM

Alles beim Alten auf der Aldranser Alm – und das ist gut so. Die Alm ist immer noch ein kulinarischer Hotspot am Berg. Graukas, sauer mariniert und mit knusprigem Brot, die Marend ist ein Reigen an alpinen Köstlichkeiten: Bergkäse, großartige Sulz, Boxeln, der Speck aus eigener Produktion. Wem die Marend zu viel ist, nimmt einfach das „Saure Tris": Graukas vom Taxerhof, Sulz und saure Wurst vom Demlhof. Warm gäbe es dann noch „Eppas fürn groaßn Hunger": den Alm-Schweinsbraten (vom Schopf und ganz klassisch mit Semmelknödel und Sauerkraut) oder Kasspatzln. Oder Kaiserschmarren. Aber nicht immer. Denn der wird selbst und frisch gemacht – und das dauert eben.

Tel: 0699 133 112 12

6071 Aldrans
Aldranser Almweg 1

www.aldranseralm.at
info@aldranseralm.at

Mo, Di, Mi und Fr 9–20, Sa 9–18, So 9–17 Uhr

© Aldranser Alm

BIRGITZ — INNSBRUCK LAND

BIRGITZER ALM

Die sowohl im Sommer als auch im Winter bewirtschaftete Birgitzer Alm befindet sich auf 1.800 Metern Seehöhe. Die möglichen Wege zur Alm sind allesamt einfach und erholsam, doch die Ausblicke in die Axamer Lizum, auf die Nockspitze und ins Inntal sind dennoch sehr lohnend. Auf der Alm bekommt man dann klassische und einfach gute Almkost: üppige und schön angerichtete Speckteller und herzhaften Almkäse. Ein Tipp: Fährt man mit dem Lift hinauf, ist es von der Bergstation etwa eine Dreiviertelstunde bis zur Birgitzer Alm. Auch so lässt sich die Tiroler Gastlichkeit voll auskosten.

Tel: 05234 20702
6092 Birgitz
www.birgitzer-alm.at

© Tirol Werbung Jenewein Markus Birgitz

FULPMES — INNSBRUCK LAND

STARKENBURGER HÜTTE

Urig und urgemütlich: So zeigt sich die „Starkenburger", eine Schutzhütte des Deutschen Alpenvereins. Auch die inneren und äußeren Werte stimmen hier: Die Plätze vor der Hütte sind an schönen Tagen heiß begehrt und der Ausblick auf den gegenüberliegenden Serleskamm und den Stubaier Hauptkamm ist nicht weniger als spektakulär. Das ist gewissermaßen ein Vorgeschmack, denn die Hütte eignet sich bestens als Ausgangs- oder Endpunkt für eine Tour auf dem anspruchsvollen Stubaier Höhenweg, der mit herrlichem Panorama lockt. Eine Stärkung ist jedenfalls angesagt: Die „Starkenburger" versorgt einen mit klassischer und sehr guter Bergsteiger- und Hüttenkost, besonders die Brotzeiten sind herzhaft und üppig.

Tel: 0664 503 54 20
6166 Fulpmes
www.alpenverein-darmstadt.de/huetten/starkenburger-huette/
office@starkenburgerhuette.at

GÖTZENS

INNSBRUCK LAND

GÖTZNER ALM

Die Götzner Alm ist ein alpiner Hotspot in Sachen Kulinarik. Aber damit erschöpft sich das Konzept nicht. Denn den Wirtsleuten, Martina und Roland, ist es auch wichtig, dass in der Küche regional und nachhaltig gekocht wird, weshalb die Herkunft der Lebensmittel absolut zentral ist. Die Milch kommt klarerweise von den Almkühen, die Eier von den Nachbarn im westlichen Mittelgebirge. Die Gerichte richtet man mit Herz und Liebe zum Detail an, das Angebot selbst ist vielfältig und absolut hochwertig. Probieren muss man auch die süßen Köstlichkeiten aus Lauras Backstube, die perfekt mit Kaffee oder Zirbenlikör harmonieren.

Tel: 0664 430 3842

6091 Götzens
Götzner Berg 6

www.goetzneralm.at
goetzner-alm@gmx.at

Mo und So 11–17,
Di–Sa 11–20 Uhr (von Mai bis Oktober 2023)

© Götzneralm

GRIES AM BRENNER

INNSBRUCK LAND

SATTELBERGALM

Wer sich so nennt, der hat einen Genussanspruch. Die „Wipptaler Genussspechte" setzen jedenfalls auf eine Kooperation von Betrieben, Bauern und Händlern, bei der regionale Produkte forciert und hohe Ansprüche an die Qualität gestellt werden. Massenproduktion geht dabei gar nicht. Das merkt man den servierten Köstlichkeiten definitiv an: Das Handwerk passt, die Gerichte auf der Alm sind zugleich kreativ und bodenständig. Im Herbst kann man großartig Törggelen. Mit allem, was dabei unbedingt sein muss: Gerstlsuppe, Geselchtem, Kastanien und mehr.

Tel: 05274 87717
0664 210 8273

6156 Gries am Brenner
Neder 311

www.sattelbergalm.at
info@sattelbergalm.at

Öffnungszeiten siehe Homepage

© Klemens Florian Hörtnagel Kreativstadtl Werbeagentur

GRINZENS

INNSBRUCK LAND

KEMATER ALM

Zwei Stunden sollten schon eingeplant sein, um die Kemater Alm von Grinzens aus zu erreichen. Dafür liegt sie dann wunderschön im pittoresken Senderstal, am Fuße der berühmten Kalkkögel. Von Kathrin und Michael Schaffenrath, die die Alm seit einiger Zeit betreiben, wird man vor Ort kulinarisch verwöhnt. Denn die beiden machen ihre Sache außerordentlich gut: Die Knödel, egal, welche, können als mustergültig gelten, insbesondere die Spinatknödel mit Butter und Parmesan. Aber auch das Alm-Pfandl oder die Hauswurst mit Speckknödel und Sauerkraut sind äußerst empfehlenswert. Das ist gutes Essen, ohne viele Umstände, einfach gute und solide Almkost eben.

Tel: 05234 65679
6095 Grinzens
Kemater Alm 110
www.kemater-alm.at
info@kemater-alm.at
Di–Sa 10.30–19.30,
So 10.30–17.30 Uhr

© Tirol Werbung Kranebitter Klaus Grinzens

GSCHNITZ

INNSBRUCK LAND

BREMER HÜTTE

Den Aufstieg zur Bremer Hütte tritt man vom Gasthof Feuerstein im Gschnitztal an. Auf der Hütte kocht man bürgerlich und bodenständig. Die Zutaten sind, soweit möglich, allesamt aus der Region. Schnaps und Limonaden stammen von kleinen Tiroler Gewerbebetrieben, der Wein aus Österreich. Am Abend vergrößert sich das kulinarische Angebot: Es stehen dann neben einem Bergsteigeressen drei weitere Gerichte zur Auswahl, eines davon immer vegetarisch.

Tel: 0664 272 8071
6150 Gschnitz
Gschnitz 41

© Bremer Hütte

LAPONESALM

Am Talschluss vom Gschnitztal ist noch lange nicht Schluss: Denn dort befindet sich die Laponesalm auf einer Seehöhe von knapp 1.500 Metern, herrlich eingerahmt von zahlreichen Berggipfeln. Und das hier ist wirklich ein wahres Paradies für leidenschaftliche Wanderer und Biker, aber natürlich auch für Genießerinnen und Genießer. Denn diese kommen mit der gebotenen Küche – es gibt den ganzen Tag Warmes – voll auf ihre Kosten. Es gibt Tiroler Köstlichkeiten ebenso wie internationale Gerichte – und wer es liebt, der entscheidet sich am besten für das ausgezeichnete Wildbret. In den zwei Stuben ist zudem reichlich Platz für Veranstaltungen aller Art und nicht zuletzt für das Törggelen im Herbst.

Tel: 0664 163 4190
6050 Gschnitz
Gschnitz 71
www.laponesalm.at
laponesalm@gmx.at

HALL IN TIROL

INNSBRUCK LAND

AUSSERMELANG ALM

Die Außermelang Alm liegt im Wattener Lizum: Das ist der Talschluss des Wattener Tals. Die richtige Bezeichnung ist eigentlich Wattentaler Lizum, der Volksmund hat einfach Wattener Lizum daraus gemacht. Oben auf der Melang werken Vater und Sohn Klingler in der Käserei und verarbeiten die Milch von ein paar Bauern zu großartigem Almkäse. Wanderern werden die Almköstlichkeiten auf rustikalen Brettern serviert und wer möchte, kann sich im Almladen bedienen – hier werden Butter und Käse verkauft. Die Molke, die beim Käsen entsteht, hat ebenfalls begeisterte Abnehmer: die Almschweine.

Tel:

6060 Hall in Tirol
Wattener Tal

www.hall-wattens.at

© Tirol Werbung Koopmann Jörg Wattenberg

KREITH — INNSBRUCK LAND

KREITHER ALM

Solide Almkost, regionale und saisonale Zutaten: So präsentiert sich die Kreither Alm – und dafür ist sie auch bekannt und beliebt. Gelegen ist sie auf einer Höhe von knapp 1.500 Metern, entlang des Innsbrucker Almwegs. Die Wanderung auf die Alm ist eher leicht und von der Muttereralm – mit einer Gehzeit von rund einer Stunde – möglich. Wer in Kreith startet, sollte zwei Stunden einplanen. Wer auf Kaspress-, Spinat- und Speckknödel steht, wird die Kreither Alm definitiv lieben. Zusätzlich ist eine Jause mit hausgemachtem Speck und Graukas zu haben. Tiroler Köstlichkeiten wie Kiachl, Blattln, Topfenpaunzen und noch einiges mehr runden die Karte ab und sorgen für Abwechslung.

Tel: 0677 616 696 13

6162 Kreith
Kreith 60

www.kreither-alm.at
kreitheralm@gmail.com

© Kreitheralm

LEUTASCH INNSBRUCK LAND

GAISTALALM

Die Gaistalalm kennt man auch unter dem Namen Leutascher Alm. Und das trifft es wirklich sehr gut, denn hier findet man eine authentische, bodenständige Alm mitten im Naturparadies Leutasch vor. Wanderer und Bergsportler haben das ganze Jahr außerdem zahllose Möglichkeiten. Dass die Alm gut erreichbar und familienfreundlich ist, ist ein weiterer Bonus. Auch die Verpflegung ist ein Vorteil. Die Karte ist zwar überschaubar, die Gerichte sind jedoch ausgezeichnet. Probieren muss man Hüttenklassiker wie Schnitzel und Almrösti, zudem sollte man darauf achten, was gerade als Empfehlung des Tages zu haben ist.

Tel: 05214 5190
6105 Leutasch
Gasse 180
www.gaistalalm.at

HÄMMERMOOSALM

Die Gründe, warum die Hämmermoosalm in der Leutasch so beliebt ist, sind schnell gefunden. Zum einen ist sie bekannt und berühmt für die ausgezeichneten und großen Schnitzel. Zum anderen ist der Weg zur Alm wirklich eine sehr schöne, absolut entspannte und definitiv familientaugliche Wanderung. Das lässt sich über den Sommer ebenso sagen wie über den Winter – im Winter kommt sogar noch die Rodelbahn mit dazu. Nicht vergessen sollte man beim Genießen auf den Kaiserschmarren, der sich zu einem weiteren Grund entwickeln könnte, warum die Alm weit über die Grenzen der Leutasch hinaus bekannt ist. Ein Dauerbrenner ist außerdem noch der rustikale und schmackhafte „Hämmermoosburger".

Tel: 0664 108 4477
6105 Leutasch
Klamm 3
www.haemmermoosalm.at
sonja@haemmermoosalm.at
Di–So 8–22 Uhr (April und November nur Wochenende geöffnet)

RAUTHHÜTTE

Auf stolzen 1.600 Metern liegt die Rauthhütte in der Leutasch. Bergwanderer und Spaziergänger finden gleichermaßen ein eindrucksvolles Panorama vor: die Zugspitze, das Wettersteingebirge, das Karwendel, die Zillertaler Alpen und die Kalkkögel. Die Alm selbst befindet sich am Fuße der Hohen Munde, einem Soloberg, dem auch schon Felix Mitterer ein Stück zugeeignet hat. Kulinarisch wird auf der Hütte einiges geboten. Unbedingt probieren sollte man die Kaspressknödel in kräftiger Rindssuppe oder auch den Kaiserschmarren. Bitte nicht zögern, falls es Wild geben sollte: Das Hirschragout muss bestellt und genossen werden.

Tel: 0664 281 5611
6105 Leutasch
Nr. 7
www.rauthhuette.at
info@rauthhuette.at
So–Mo 11–18, Di–Sa 11–20 Uhr
✱ Ende März–Pfingsten,
Mitte Okt.–Mitte Dez. 2023

© Rauthhütte

ROTMOOSALM

Während im Mittelalter das Tal zur Grafschaft Werdenfels, also zu Deutschland, gehörte, verläuft heute die österreichisch-deutsche Grenze entlang des Wettersteinkamms. Es war im Jahr 1952, als die Leutascher Bauern diese Alm erbauten. 2009 dann das Unglück, bei dem eine Lawine die Rotmoosalm zerstörte – im Anschluss wurde sie aber wieder aufgebaut. Wanderer finden hier seither Schutz und gute, bewährte Kost: Brettljause, Graukäse oder auch Almbutter. Diese an sich gewöhnlichen, aber herrlich schmeckenden Gerichte sind mit viel Liebe und Leidenschaft von der Hüttenwirtin Gabi zubereitet, während sich Siegmund währenddessen um die Kühe kümmert.

Tel: 0664 422 6149

6105 Leutasch
Rotmoosalm 1

MATREI AM BRENNER — INNSBRUCK LAND

MATREIER OCHSENALM

Gut zu wissen: Almwirtschaftsgeschichtlich ist eine Ochsenalm eine Art Sommerrefugium für Ochsen. Jene Ochsen, die auf der Melkalm oder auf anderen Almen keinen Platz fanden, landeten auf den Ochsenalmen. Und die gibt es wirklich überall: ein paar davon in Tirol, aber auch in Südtirol und auch in der Steiermark. Auf der Matreier Ochsenalm kümmern sich Dagmar und Markus während der Sommerzeit (also der Wandersaison) um die Gäste, vor allem mit kalten Marenden, Brotzeiten sowie hausgemachten Süßspeisen.

Tel: 05273 60139
0650 616 0649

6143 Matrei am Brenner
Mühlbachl

www.matreierochsenalm.ibk.me
matreier-ochsenalm@gmx.at

NAVIS — INNSBRUCK LAND

NAVISER STÖCKLALM

Auf 1.882 Metern Höhe in den Tuxer Alpen liegt sie, die Naviser Stöcklalm, direkt an der Naviser Almenrunde, einem wahren Wanderparadies. Die Hütte aus Holz und Stein liegt herrlich auf einem Plateau oberhalb des Navistals, eines Seitentals des Wipptals. Die „Naturterrasse", bestehend aus grünem Rasen, ermöglicht einen Blick bis hinüber zu den Stubaier Alpen mit Gipfeln wie der Serles oder dem Habicht. Die Pächterfamilie, die Familie Halder, führt eine Landwirtschaft im Tal, was es möglich macht, dass alles aus eigener Erzeugung stammt: vom Graukas über die Butter, den Speck, das Brot bis hin zum Frischkäse. Der Käsekuchen ist zudem ein wirklicher Hit.

Tel: 0664 890 7646

6145 Navis
Oberweg 123

NEUSTIFT IM STUBAITAL
INNSBRUCK LAND

AUFFANGALM

Der Anstieg zur Auffangalm ist steil und schweißtreibend. Oben hat man dann die Möglichkeit, gleich weiterzuschwitzen – in der traditionellen Schwitzhütte. Das findet klarerweise nicht täglich statt, probieren sollte man es auf jeden Fall. Wem das gar zu archaisch ist, der startet einfach mit dem herrlichen Almfrühstück. Das ist ziemlich umwerfend und mit selbst gebackenem Brot gesegnet: Eine Anmeldung ist dafür aber notwendig. Großartig sind auch der Kaiserschmarren und die Knödel. Überhaupt wird hier alles mit sehr viel Liebe und Leidenschaft zubereitet.

Tel: 0664 522 98 89
6167 Neustift im Stubaital
Bichl
www.auffangalm.at
auffangalm@gmx.at

© Auffangalm

AUTENALM

Die Autenalm ist ein beliebtes Ziel im Wandergebiet Elfer. Sie ist eine der ältesten Almen im Stubaital, bei der der alte Kern mit viel Holz erhalten wurde. Über der Tür prangt ein stattlicher Steinbock und was die Almwirte in der kleinen Küche zaubern, kann sich sehen lassen. „Genuss im Stubaital" ist hier kein leeres Versprechen. Wie der Bock über der Tür vermuten lässt, ist damit heimisches Wildbret gemeint. Aber auch klassische Kaspressknödel oder das Rindsgulasch und der Tafelspitz. Wer mit Süßem abschließen will, dem stehen frische Kuchen zur Auswahl. Oder ein Schnaps.

Tel: 0664 260 26 81
6167 Neustift im Stubaital
Auten
www.autenalm.at
info@autenalm.at

FALBESONER OCHSENALM

Sie ist nicht nur Sennerin, die Maridl Schmid auf der Falbesoner Ochsenalm. Sie ist auch Jägerin und Sammlerin und nicht zuletzt auch Hüterin eines kulinarischen Schatzes. Sie ist nämlich eine der letzten Personen, die noch den originalen Graukas-Striezel nach überliefertem Rezept machen kann. Dafür, aber nicht nur dafür, kennt man sie im ganzen Tal. Gekocht wird insgesamt auf der Falbesoner Ochsenalm alles, was Wald und Weide eben so hergeben. Die Pilzgerichte sind herrlich und die bodenständige Alm- und Hausmannskost ist handwerklich gut und ehrlich. Die Alm ist ein guter und wichtiger Ort des Bewahrens und der Tradition – und von Neustift aus in etwa eineinhalb Stunden gut zu erreichen.

Tel: 0676 741 4268
6167 Neustift im Stubaital
Falbeson

INNSBRUCKER HÜTTE

Von der Innsbrucker Hütte aus können zahlreiche Bergtouren und Wanderungen angegangen werden. Am eindrucksvollsten ist dabei vielleicht der über 3.000 Meter hohe Habicht, der Gipfel am Elferkamm, der zu den spektakulärsten Aussichtsbergen der Stubaier Alpen zählt. Die Hütte selbst ist nicht weniger sehenswert und lohend. Die klassisch-alpine Hüttenarchitektur, die schöne Außenfassade mit Holzschindeln, die Speisekarte: alles wirklich top! Dabei sind die Gerichte nicht nur geschmacklich sehr gut, sondern auch schön gestaltet. Speck- oder Kaspressknödel sind super, der „Hurra, die Gams-Burger" ist sogar einzigartig. Weit über dem Durchschnitt liegt auch das Rindsgulasch.

Tel: 05276 295
6167 Neustift im Stubaital
Schulweg 12

www.innsbrucker-huette.at
office@innsbrucker-huette.at

NÜRNBERGER HÜTTE

Solide ist sie, die Nürnberger Hütte im Stubaital, eine Schutzhütte des Deutschen Alpenvereins. Auf 2.300 Metern ist sie vorzufinden und sie dient sowohl als Station für den Stubaier Höhenweg als auch als Basislager für größere Touren, wie solche auf den Wilden Freiger oder den Östlichen Feuerstein. Herzlichkeit wird bei den Gastgebern, Martina und Leonhard Siller, großgeschrieben, außerdem bieten sie Produkte aus der eigenen Bio-Landwirtschaft im Tal an. Das wären etwa Käse, Fleisch und Gemüse, alles in formidabler Qualität. Es ist wahrlich keine Selbstverständlichkeit, dass auf einer derart exponierten Hütte so gekocht wird.

Tel: 0664 165 74 61
0680 331 72 16

6167 Neustift im Stubaital
Nürnberger Hütte 252

www.slandhaus.at/
nuernberger-huette
info@nuernbergerhuette.at

tgl. 6.30–15.30 und 18–22 Uhr
bis Mitte Juni 2023

© Tirol Werbung Ritschel Bernd

PATSCH

INNSBRUCK LAND

PATSCHERALM

Kein Zweifel: Der Patscherkofel ist der Hausberg der Innsbruckerinnen und Innsbrucker. Auf dessen Flanke befindet sich auch die Patscheralm. Sitzt man einmal auf der Terrasse, dann kann man den Blick bis ins Wipptal schweifen lassen. Die rustikale Alm reicht wiederum zum Beginn des vergangenen Jahrhunderts zurück. Die schönen vergilbten Holzschindeln auf der Außenwand und ein Schild mit einem herzlichen „Griaß Di" setzen die Stimmung. Von der Jausenkarte nimmt man am besten gleich die „Große Holzhackerjause" oder den Almsalat, falls es doch mal etwas gesünder zugehen sollte. Knödel gibt es in Hülle und Fülle, entweder mit Kraut, Suppe oder Salat.

Tel: 0664 405 30 26

6082 Patsch
Patscherkofel 9

RUM
INNSBRUCK LAND

RUMER ALM

Eine gute Stunde Fußmarsch reicht aus, um vom Alpenparkplatz Karwendel, oberhalb des Sanatoriums, auf die Alm in Rum bei Innsbruck zu gelangen. Der Spaziergang ist wahrlich entspannt und entspannend, der Appetit – kaum oben angekommen – sofort da. Am Wochenende gibt es dort nämlich Hendl und Stelzen und sonst eher simple, aber sehr gut zubereitete Gerichte aus der traditionellen Tiroler Küche. In erster Linie sind das Knödel, zumal diese ja in der Tiroler Hausmannskost einen ganz besonderen Stellenwert einnehmen. Auf der Rumer Alm sind die Knödel jedenfalls in allen nur denkbaren Variationen, Formen und Geschmäckern zu haben.

Tel: 0664 116 1969
6063 Rum
Garneid 7
www.rumeralm.tirol
rumeralm@gmx.at

ST. SIGMUND IM SELLRAIN
INNSBRUCK LAND

GLEIRSCHALM

Die Almprodukte auf der Gleirschalm sind von hervorragender Qualität. Um das zu bemerken, muss man nur Almmilch, Buttermilch, Almbutter oder den Graukäse probieren. Auch die warmen Gerichte sollten unbedingt gekostet werden: Kasknödel oder Kasspatzeln etwa, die überdurchschnittlich gut sind. Dazu noch: Die Gleirschalm ist ein Bio-Betrieb, was wiederum heißt, dass nach den strengen Regeln der Bio-Landwirtschaft gearbeitet wird. Die Jausenstation selbst ist klein – auf der Sonnenterrasse finden nur knapp 50 Personen Platz. Im Winter gibt es mit der hochgradig familientauglichen Rodelbahn eine weitere Attraktion.

Tel: 05236 208
0664 325 46 97
6184 St. Sigmund im Sellrain
St. Sigmund 17

SCHARNITZ
INNSBRUCK LAND

HALLERANGERALM

Die Lage ist besonders: mitten in Tirol, im Karwendel, nur ein paar Meter von jenem Ort entfernt, an dem die Isar entspringt. Die Hallerangeralm ist außerdem eine der „betagtesten" Almen des Landes, denn sie existiert bereits seit über 430 Jahren. Sie ist ein optimaler Ausgangspunkt für Touren nahe dem Gipfel. Aber Vorsicht, denn diese sind einigermaßen anspruchsvoll und nur für trittsichere Bergsportler geeignet! Stärken kann man sich so oder so bei der grandiosen Almküche, bei der vor allem die Rindfleischgerichte vom Grauvieh aus eigener Zucht empfehlenswert sind. Und auch das Wild stammt aus heimischen Revieren, der Rest von den Nachbarn.

Tel: 0664 105 59 55
6108 Scharnitz
Feldweg 521
www.halleranger-alm.at
schallhart@
halleranger-alm.at

© Tirol Werbung Gassler Holger

SCHARNITZER ALM

Authentizität wird hier ganz großgeschrieben. Die Scharnitzer Alm ist urig und bodenständig. Außerdem bietet sie, auf nur knapp 1.000 Höhenmetern im Karwendel neben der Isar gelegen, einen sehr guten Blick auf die Isarschlucht. Der Spaziergang dorthin ist entspannt, ganz in der Nähe ist auch die beeindruckende Gleirschklamm. Die Hütte ist nur nachmittags geöffnet, den Kaiserschmarren sollte man sich aber so oder so nicht entgehen lassen. Die Speckbrettl sind gut, beliebt und legendär, auch die Schmalzbrote punkten mit echter Tiroler Identität. Die hausgemachten Kräuterlimonaden sind ein Muss!

Tel: 0664 523 45 67

6108 Scharnitz
Hinterautalstraße 112

SEEFELD — INNSBRUCK LAND

PFEISHÜTTE

Die Wanderung im Karwendel, die zur Pfeishütte führt, ist zweifellos eine schöne Wanderung, die belohnt. Denn der großartige Blick ins Inntal, zur Stadt und ins Wipp- und Stubaital ist wirklich toll. Zudem bekommt man noch einen Blick ins Karwendelgebirge, zum höchsten Berg der Innsbrucker Stadtgemeinde, der Praxmarerkarspitze. Die alten Pächter haben sich leider mit dem Ende der Sommersaison verabschiedet. Es ist aber davon auszugehen, dass die Hütte auch weiterhin eine solide Anlaufstelle für Wanderer und Bergfexe sein wird.

Tel: 0512 552906

6100 Seefeld
Karwendelweg 845
www.pfeishuette.at
info@pfeishuette.at

© Tirol Werbung Gassler Holger

SELLRAIN — INNSBRUCK LAND

JUIFENALM

Knapp über der Baumgrenze ist die Landschaft natürlich überaus schön und imposant. Die Juifenalm ist aber auch ein Paradies für Genießer. „Frisch aus der Sennerei“ steht auf der Wand der Alm zu lesen. Eine Ansage! Verfügbar sind sämtliche Produkte der Almwirtschaft: frische Almmilch, Buttermilch, Sauermilch, dazu Graukäse – und Mozzarella. Dass es ebenjenen gibt, ist für eine Tiroler Alm klarerweise etwas ungewöhnlich. Doch er schmeckt, angelehnt an bella Italia und mit frischen Kräutern und Tomaten angerichtet, vielleicht sogar noch einen Tick besser als in Italien.

Tel: 0664 542 20 90
6181 Sellrain
Juifen 1
www.juifenalm.at

STEINACH AM BRENNER — INNSBRUCK LAND

BERGERALM

Das Wipptaler Ganzjahreskonzept, in das die Bergeralm eingebettet ist, verfügt über Lifte und verschiedene Gastronomiebetriebe. Im Panoramarestaurant könnte es zu Enttäuschungen kommen: Das handelt sich um ein klassisches SB-Restaurant mit recht wenig Charme und solidem, aber nicht wirklich aufregendem Essen. Ganz anders sieht es schon 200 Meter unterhalb aus, in der Bergeralm-Hütte. Diese ist urig, sympathisch und klein und bietet Tiroler Hausmannskost, feine Destillate, herrlich flaumigen Kaiserschmarren und zünftige Brettljausen. Verständlich also, dass hier Skifahrer den letzten Einkehrschwung vor der letzten Abfahrt wagen.

Tel: 05272 6333
6150 Steinach am Brenner
Hübenweg 25
www.bergeralm.net
florian@bergeralm.net

TELFES IM STUBAI — INNSBRUCK LAND

PADASTERJOCHHAUS

Ein Besuch hier lohnt sich: egal, ob als Ausflugsziel für Familien oder als Ausgangspunkt für erlebnisreiche Bergtouren. Das Haus bietet Zustiegsmöglichkeiten von Gschnitz und dem Stubaital aus und liegt zentral zwischen den bekannten Berggipfeln von Habicht und Serles. Der Aufstieg zum Padasterjochhaus mit mehr als 900 Metern Höhenunterschied startet am Wanderplatz bei Trins und folgt zuerst eine Forststraße in Richtung Westen über dem Gschnitztal. Serviert werden vor Ort Klassiker der heimischen Alm- und Hüttenkost in einer wirklich grundsoliden Qualität.

Tel: 0650 717 27 71
6165 Telfes im Stubai
www.padasterjochhaus.at
info@padasterjochhaus.at

WALDERALM

Auf 1.500 Metern liegt sie, die Alm im Karwendel, die von Gnadenwald aus sehr gut erreichbar ist. Ein kurzer Aufstieg genügt, um sich alsbald auf der Sonnenterrasse des Hauses niederzulassen und sich in den Genussmodus zu begeben. Genießen lassen sich unter anderem Frankfurter, St. Johanner und ganz großartige, offensichtlich nach einem alten Rezept gemachte Kaspressknödel. Auch die selbst gemachten Kuchen und Mehlspeisen sind so gut, dass sich Aufstieg und Besuch der Alm bereits rentieren.

Tel: 05223 78359
0677 622 601 93
6165 Telfes im Stubai
Serlesweg 12
www.walderalm.at
walderalm@gmail.com
Mi–So 9–17 Uhr

TRINS — INNSBRUCK LAND

BLASERHÜTTE

Die Baumgrenze ist bei der Blaserhütte bereits deutlich überschritten. So ergibt sich auch ein Blick auf den Zillertaler Hauptkamm, die Tuxer Alpen und natürlich auf den Blaser, dem die Hütte zu Füßen liegt. Ein wirklich außergewöhnliches Panorama! In der Hüttenküche sind den Wirten Werte wie Qualität, Regionalität und Frische wichtig. Verarbeitet wird das, was von den benachbarten Bauern kommt. Großartig ist beispielsweise der Kaiserschmarren, der auf Wunsch auch glutenfrei angeboten wird. Auch die Speckknödel sind mustergültig. Zahlreiche Mehlspeisen runden das Angebot ab und den selbst angesetzten „Meisterwurz" muss man probiert haben.

Tel: 05275 20069
6152 Trins
Trins 246
www.blaserhuette.at
a.nocker@aon.at

TULFES — INNSBRUCK LAND

GLUNGEZER HÜTTE

Auf 2.600 Metern liegt die Glungezer Hütte, eine Hütte des Österreichischen Alpenvereins. Die Küche wurde erst kürzlich erneuert, jedoch sind Gerichte immer noch die allseits beliebten Klassiker, für die die Hütte auch bekannt wurde. Die „Spaghetti à la Kathmandu", Nudeln nach einem Rezept von Sherpa Purba, sind seit vielen Jahren einer der Renner auf der Speisekarte der Glungezer Hütte. Ein Pluspunkt ist definitiv, dass das Brot nach wie vor selbst gebacken wird und folglich außerordentlich gut schmeckt. Beim Dessert hat man die Wahl: Allerlei hausgemachte Mehlspeisen stehen parat und nicht zuletzt der Glungezer Heidelbeergeist.

Tel: 05223 78018
6075 Tulfes
www.glungezer.at
glungezerhuette@glungezer.at

VALS — INNSBRUCK LAND

GERAER HÜTTE

Über das Wipptal oder über das Schmirntal oder über das Zillertal erreicht man die Geraer Hütte. Über das Wipptal ist der Weg deutlich kürzer, jener vom Zillertal her hingegen eine richtig ausgiebige Tour. Wie auch immer man sich entscheidet, landschaftlich belohnt wird man allemal. Und auch kulinarisch wartet auf der Alm der Lohn. „Auf 2.324 Metern ist eine hohe Qualität der Gerichte zwar schwieriger zu gewährleisten, aber diesen Herausforderungen stellen wir uns gerne“, sagt nämlich Katharina, die Hüttenwirtin, und meint es absolut ernst. Herausragend sind beispielsweise die Rohnen- oder Spinatknödel. Auch die Graukaspressknödel sind eine wahre Freude. Alpin, regional, einfach gut.

Tel: 0676 610 303
6154 Vals
Vals 24b/1
www.geraerhuette.at
info@geraerhuette.at
täglich 11–15 und 17.30–20 Uhr

WATTENBERG — INNSBRUCK LAND

LIZUMER HÜTTE

Wer Latein kann, ist im Vorteil: „lutum“, mit der erweiterten Bedeutung „auf den Weiden am Ende des Tals“ ist namensgebend für Hütte und Umland. Die Hüttenwirte, Lukas Aichhorn und Tobias Spechter, empfangen Wanderer und Bergfreunde auf ihrer Hütte mit wirklich grundsolider alpiner Hüttenkost. Absolute Benchmarks sind etwa die Kaspressknödel. Da wird es auch schwer zu entscheiden, ob man sie in der Suppe, auf dem Salat oder als Snack zum Reinbeißen bestellt. Auch der Kaiserschmarren ist einer der besten seiner Art. Man merkt es: Die Hütte ist wahrlich nicht umsonst Mitglied der Initiative „So schmecken die Berge“.

Tel: 05224 52111
0664 927 2117
6113 Wattenberg
www.lizumerhuette.at
info@lizumerhuette.at

BRIXEN IM THALE — KITZBÜHEL

FRANKALM

Die Bezeichnung „Jausenstation“, die über der Eingangstür der Frankalm in Brixen zu lesen ist, weist auf eine kleine authentische Hütte hin. Die gibt es auch: viel Holz, viel Flair, nicht überladen, ein hoher Wohlfühlfaktor. Die Speisekarte ist kompakt, die Gericht sind sehr gut. Es gibt etwa Kaiserschmarren und großartige Suppen. Zu empfehlen sind auch die Spiegeleier mit Speck, zumal der Speck wirklich von außerordentlicher Qualität ist und die Eier perfekt gebraten sind. Das ist bodenständige Hausmannskost auf einem hohen Niveau! Geöffnet ist hier im Sommer wie im Winter und für Stammgäste gibt es zu jeder Jahreszeit zum Abschluss die legendären „Herztropfen“.

Tel: 0650 450 5514
6364 Brixen im Thale
Filz 17
l.hirzinger@hotmail.com

© Gartner Mathäus

KANDLER ALM

Berggasthaus

Viel mehr ein Berggasthof als eine Alm: Das ist die Kandler Alm im Brixental, die nicht zuletzt ein attraktiver Ort für Feste aller Art ist und als toller Platz zum Heiraten gilt. Das wiederum wissen auch die Heiratswilligen mittlerweile, weshalb hier oft Hochzeit gefeiert wird. Das allerdings bedeutet wiederum für die sonstigen Gäste, dass nicht immer offen ist. Dennoch zahlt sich der Besuch – für den Fall, dass geöffnet ist – aus: herzhaftes Bergfrühstück, später dann Braten frisch aus dem Ofen oder Rinderspektakel „Alles vom hofeigenen Pinzgauer Jahrling“.

Tel: 05334 8510
0676 905 75 47

6364 Brixen im Thale
Kandleralmweg 2

www.kandleralm.at
info@kandleralm.at

Do, Fr und So 8–17 Uhr

© Gartner Mathäus

WIEGALM

Auf eine Überraschung muss man bei der Wiegalm in Brixen eingestellt sein: Denn rein äußerlich erwartet man sich definitiv nicht das, was einem dann schließlich aufgetischt wird. Das traditionell wirkende Schutzhaus mit Sonnenterrasse hat aber bemerkenswerte innere Werte. So muss bereits zum Einkehr-Start zwischen fünf unterschiedlichen Prosecco-Apéros gewählt werden, gerne darf die Wahl aber auch auf ein Weißbier von der regionalen Huber-Brauerei fallen. Der frische, saftige Schweinsbraten an den Wochenenden ist ein Gedicht! Zudem stehen stets drei verschiedene Gröstl zur Wahl: „Tirol“, „Blunze“ oder gar vegan.

Tel: 0676 966 2348

6364 Brixen im Thale
Wiege 1

www.wiegalm.at
info@wiegalm.at

täglich 10.30–15 Uhr,
nur im Sommer geöffnet
variabel

© Wiegalm

ERPFENDORF KITZBÜHEL

HUBERALM

Klaus, der Quasi-Chef der Huberalm, ist ein wahres Multitalent, das virtuos auf der Klaviatur der Almaufgaben und -konzepte spielt. Er beherrscht etwa Küche, Service und das Hausmeister-Sein. Allem drückt er seinen Stempel auf. Auch bei der Landwirtschaft greift er seinen Eltern kräftig unter die Arme. Die Alm selbst ist eine äußerst authentische, kleine und urige Alm in den Kitzbüheler Alpen, in der auch in der Küche so gut wie alles selbst gemacht ist. Da wären etwa die wirklich außergewöhnlich guten Mehlspeisen und der ebensolche Schweinsbraten. Nicht zu vergessen: Das Bier, das hier auf den Tisch kommt, stammt aus der Huber-Brauerei und mundet.

Tel: 0664 557 52 89
6383 Erpfendorf
Huberalm 20

FIEBERBRUNN KITZBÜHEL

WILDALPGATTERL

Die Homepage weist schon den Weg: „Einkehren mit Stil“. Die Erwartungshaltung wird noch höher, wenn man erfährt, dass das Wildalpgatterl Mitglied der Vereinigung „KochArt“ ist. Auch die Lage im Skigebiet Fieberbrunn ist vielversprechend. Das heißt nämlich auch, dass man seine Kinder womöglich ein paar Mal mit dem Tellerlift rauf- und runterschicken kann, während man es sich gut gehen lässt. Und das gelingt hier einfach, weil einige Köstlichkeiten auf der Karte stehen, die sich sonst selten finden lassen. Beispielsweise ein Blutwurstgröstl, der „Big Mountain Burger“ mit Speck, Käse und Spiegelei, im hausgemachten Bun serviert. Auch die Wurst vom Dammhirsch oder der Gatterl-Wrap mit Lammfleisch sollte man unbedingt probieren.

Tel: 05354 52655
6391 Fieberbrunn
Almen 57

www.wildalpgatterl.at
office@wildalpgatterl.at

© Wildalpgatterl

WILDSEELODERHAUS

Eine leichte Wanderung führt zum Wildseeloderhaus über dem Pillerseetal. Dieses Schutzhaus des Österreichischen Alpenvereins wirkt dabei optisch ein wenig wie ein breitschultriger Lego-Baustein. Wohl nicht intendiert, denn dazu haben letztlich die laufenden Um- und Ausbauten geführt. Trotz dieser eigenwilligen Optik überzeugen Verpflegung und vor allem auch die ruhige Lage an einem kleinen Gebirgssee. Für die mehr als solide Kulinarik ist der Wirt Bernhard Kaufmann verantwortlich, der den früheren Ansatz zum Guten hin verändert hat. Auch das einstige SB-Restaurant ist damit endlich passé.

Tel: 0664 340 07 17

6391 Fieberbrunn
Almen 52

www.wildseeloderhaus.at
info@wildseeloderhaus.at

täglich 6–22 Uhr

© Wildseeloderhaus

JOCHBERG — KITZBÜHEL

BÄRENBADALM

Die Bärenbadalm liegt am Tiroler Zillergrund und ist ein Wohlfühlort für die ganze Familie. Den Kindern werden viel Raum und reichlich Spielmöglichkeiten geboten, während sich die Eltern entspannt im Liegestuhl ausruhen können. Über mehrere Wanderwege oder mit dem Rad ist das Ganze auch noch wunderbar zu erreichen. Das kulinarische Angebot ist vielfältig und solide. Sehr empfehlenswert ist der „Bärenbadalm-Burger", aber auch der „Zillertaler Holzknechtkrapfen" ist einen Versuch wert. Die Eiskarte überrascht mit Klassikern wie dem Coupe Dänemark und dem beliebten Früchtebecher. Für die Eltern: Eierlikörbecher.

Tel: 0664 310 46 00

6373 Jochberg
Bärenbadkogel-Gipfel/
Skigebiet Kitzbühel

www.baerenbadalm.at
info@baerenbadalm.at

BRUGGERALM

Auf der Bruggeralm ist, zumindest im Sommer, am Freitag stets Tag der Hausmannskost. An diesem Tag kriegt man, was sonst auf einer Alm nur noch selten kredenzt wird: Germkichal, süß oder mit Sauerkraut, oder auch Erdäpfelblattln mit Topfen und Bauernkrapfen. Der leichte Anstieg wird also mehr als nur vergolten. Zu trinken gibt es heimisches Bier, Brennnesselsaft und natürlich allerlei anderes. Wem das alles zu „hausmännisch" sein sollte: Es gibt auch die bewährten Klassiker wie Schnitzel, Spatzeln und Co.

Tel: 05355 5088
0664 534 90 56

6373 Jochberg
Gauxweg 4

www.bruggeralm.at
bruggeralm@a1.net

Mi–So 9–17 Uhr
☀ Im Sommer Mo und Di Ruhetag, im Winter täglich geöffnet

KELCHSAU

KITZBÜHEL

ERLA BRENNHÜTTE

Die Erla Brennhütte, gelegen in der Region Hohe Salve, Kelchsau am Langen Grund, ist grundsätzlich zwar mit dem Auto zu erreichen, aber nur mit einem geländegängigen. Oder eben mit einem Auto, bei dem wirklich schon alles egal ist. Man kann aber auch hingehen, was man eigentlich auch sollte. Der Schweinsbraten dort ist ein absolutes Gedicht, der Rest ebenso. Vorhanden sind auch eine überaus gemütliche Terrasse und eine freundliche und zuvorkommende Bedienung. Im Prinzip kann man in der „Erla" eigentlich nichts falsch machen, egal, in welcher Konstellation: ob allein oder mit großer Familie.

Tel: 0664 906 81 53
6361 Kelchsau
Langer Grund 64
www.kitzbueheler-alpen.com/de/hosa/infra/a-z/erla-brennhuette.html
erharter.r@ktvhopfgarten.at

TIEFENTALALM

Am Langen Grund in den Kitzbüheler Alpen liegt die Tiefentalalm in der Kelchsau. Damit ist auch definiert, mit welcher Alm man es hier zu tun hat: die in Kitz, nicht die in Pitz. Auch Anfänger kommen hier auf ihre Kosten, denn der Aufstieg ist flach mit nur wenigen steilen Passagen. Die 600 Höhenmeter ab der Mautstation sind leicht zu bewältigen. Oben erwartet einen dann eine traditionsreiche Hütte, die mit einer urigen Stube und einer offenen Feuerstelle punkten kann, auf der man früher kochte. Gegenwärtig serviert man gute Tiroler Alm- und Hüttenkost und äußerst herzhafte Marenden, die vorwiegend mit Produkten aus der Region zubereitet werden.

Tel: 0664 501 05 89
6361 Kelchsau
Langer Grund 82
hannes.roeck@gmx.at

KIRCHBERG IN TIROL

KITZBÜHEL

GAISBERGALM

Die Gaisbergalm, locker erreichbar mit dem Gaisberglift, bietet alpine Erholung, Stärkung und Entertainment auf rund 1.200 Metern. Etwas abseits des Halligalli der Gamsstadt, steht sie für solide Küche und deftige Jausen. Klassiker gibt es in Hülle und Fülle: Heimische Hüttenkost trifft hier aber auch auf alpine Raritäten, die man sonst in den Bergen sucht, aber eher nicht findet. Die Graukassuppe ist hier etwa ein wahrer Genuss und gehört zur absoluten Masterclass in diesem Segment.

Tel: 05357 3555
6365 Kirchberg in Tirol
Kleinseite 60
www.gaisbergalm.com
info@gaisbergalm.com

JAUSENSTATION BÄRSTÄTTALM

Schön gelegen in der Region der Kitzbüheler Alpen, erwartet einen hier alles, was man als ein Bergerlebnis längerfristig abspeichern kann. Vom Gaiserberglift aus ist man etwa eine halbe Stunde unterwegs, von der Bergstation der Alpenrosenbahn etwa dreimal so lange. Schön und spannend sind jedenfalls beide Wege. Auf der Alm wartet schon solide Kost: regional und saisonal, wie die Wirte glaubwürdig beteuern. Auf einem Brett vor dem Haus hängt zusätzlich eine Tafel: „3-Hauben-Lokal", drei bunte Strickhauben, die darauf genagelt wurden. Das hat zweifellos was und weist durchaus darauf hin, dass die Gerichte zur Alm-Oberliga gehören.

Tel: 0664 511 47 76
6365 Kirchberg in Tirol
Gaisberg 5
www.kitzbueheler-alpen.com/de/kirchberg/info/baerstaettalm.html
baerstaettalm@gmail.com

KOBINGERHÜTTE

Da liegt sie, inmitten des urigen Almdorfs der Harlassangeralm auf 1.500 Metern, hoch über dem Spertental. Die naturgemäß ebenfalls urige Kobingerhütte ist ein wahrer Rückzugsort, etwa wenn es draußen stürmt und schneit oder klirrend kalt ist – denn dann bietet sie einen wärmenden Kachelofen in der Stube. Bei passendem Wetter liegen einem zudem draußen auf der Sonnenterrasse die Kitzbüheler Alpen zu Füßen. Die inneren Werte der Hütte passen aber auch: Der Service ist persönlich, freundlich und zuvorkommend, das Ambiente urig. Die selbst gemachten sowie frisch zubereiteten Spezialitäten stammen alle aus der Region. Besonders hervorzuheben ist der Kaiserschmarren.

Tel: 0664 426 5310

6365 Kirchberg in Tirol
Gaisberg 17

www.kobingerhuette.at
kobingerhuette@aon.at

MAIERL-ALM

Zwei Ebenen gibt es hier: erstens Chalets für gediegene Auszeiten, quasi Refugien für stilbewusste Genießer. Das ist aber nur die eine Seite der Maierl-Alm. Zweitens – und diese Seite sollte man auf gar keinen Fall unter den Tisch fallen lassen – die kultige Skihütte mit hohem Genussfaktor. Auf der Karte tummeln sich dort allerhand Klassiker der alpinen Küche ebenso wie moderne Auslegungen internationaler Gerichte. Wunderschön arrangierte Tapas, Beef Tatar oder Tiroler Burger feiern hier fröhliche Urständ. Auch die Weinauswahl ist nicht von schlechten Eltern: Der eine oder andere reife Jahrgang kann da (wieder-)entdeckt werden.

Tel: 05357 21090

6365 Kirchberg in Tirol
Krinberg 14

www.maierl.at
info@maierl.at

© Tirol Werbung Schwarz Jens

KIRCHDORF IN TIROL

KITZBÜHEL

BACHERALM

Die Rodelbahn zur Bacheralm ist weit über die Grenzen der Region hinaus bekannt und nicht nur bei Einheimischen aus dem Raum Kirchdorf sehr beliebt. Der entspannte und ausgesprochen familientaugliche Aufstieg von etwa einer halben Stunde, eine gut gesicherte und zwei Kilometer lange Rodelstrecke und natürlich die sympathische Einkehr in die Bacheralm begeistern Rodelfans von nah und fern. Jeden Samstag findet ein zünftiger Hüttenabend statt. Auf der Karte stehen hausgemachte Strudel und Kuchen, die verwendeten Produkte kommen aus der eigenen Landwirtschaft.

Tel: 05352 6901
6382 Kirchdorf in Tirol
Schwendter Straße 73

© Franz Gerdl

KITZBÜHEL

KITZBÜHEL

BERGGASTHOF SONNBÜHEL

Der Berggasthof Sonnbühel ist Teil einer Gruppe von Kitzbüheler Gastrobetrieben. Dazu gehören, neben anderen, auch das Chizzo und der Neuwirt. Das hat den Vorteil, dass man auch hier dem Genuss absolut verpflichtet ist und außergewöhnliche kulinarische Erlebnisse anbieten kann. Das ist dann nicht ganz „Alm“, dafür aber definitiv „Kitz pur“. Man darf zwischen Südtiroler Speck, Prosciutto di Parma oder Bündner Fleisch wählen – wahrlich keine leichte Entscheidung! Auch das Chateaubriand lockt. Das wird zwar nur für vier Personen zubereitet, lohnt sich aber sehr! Gebot der Stunde: Vorbestellen und reservieren ist – wie fast überall in Kitz – notwendig.

Tel: 05356 62776
6370 Kitzbühel
Hahnenkamm 11

www.sonnbuehel.at
info@sonnbuehel.at

BERGHAUS TIROL

Hoch über Kitzbühel gelegen und eingebettet zwischen Hahnenkamm und Ehrenbachhöhe, befindet sich das Berghaus Tirol. Der erste Blick legt es zwar nicht offen, doch hier befindet man sich auf historisch bedeutsamem Boden. Es handelt sich nämlich um Alfons Waldes letztes realisiertes Projekt als Architekt am Hahnenkamm. Freitags darf man sich jedenfalls auf einen urigen Hüttenabend einstellen und insgesamt auf ein spannendes kulinarisches Angebot. Von klassisch („Strammer Max" und „Berghausjaus'n") bis deftig (Blunzengröstl und Kasspatzln) ist alles erhältlich. Absolut top und wohl der Renner ist der Kaiserschmarren mit Moosbeeren.

Tel: 05356 62470
6370 Kitzbühel
Hahnenkamm

www.berghaustirol.at
schiheil-berghaus@gmx.at

© Tirol Werbung Schwarz Jens

HOCHKITZBÜHEL BEI TOMSCHY

Mit einer Alm, im Sinne einer bewirtschafteten Sennalm oder einer Schutzhütte im alpinen Sinne, hat Hochkitzbühel so gut wie nichts zu tun. Das ist aber eigentlich auch so gut wie egal, denn in kulinarischer Hinsicht ist es ein „Safe House". Christoph Tomschy ist schließlich ein Kitzbühel-Gastroprofi, die Adresse Am Hahnenkamm 1 eine deutliche Ansage. Das Haus ist entworfen von Alfons Walde, also jenem Künstler, der neben viele bekannten Bildern auch das Kitzbüheler Logo mit dem berühmten Kitz erschuf. Auch trinken lässt es hier natürlich, beispielsweise hochwertige Weine und viel Sprudel, zumeist Champagner. Auf der Speisekarte sollte man die „Honolulu-Bowl" und den Heidelbeerschmarren probieren.

Tel: 05356 620 940
6370 Kitzbühel
Am Hahnenkamm 1

www.beitomschy.at
hochkitz@beitomschy.at

So–Do 9–17 Uhr, Fr 9–23 Uhr,
Sa 9–18 Uhr

HORNKÖPFLHÜTTE

Einheimische und Stammgäste machen sich's einfach: Sie sagen „Hornköpfl". Dieser Name stammt vom Kitzbüheler Horn, an dessen Sonnenseite die Hütte liegt. Die Hütte ist schön und unverkennbar: An der Schindelwand prangt groß das Logo von Kitzbühel. Solide Hüttengaudi ist ebenso zu haben wie entspanntes Chillen. Das kulinarische Angebot ist konstant: Es gibt Deftiges aus der schweren Pfanne, traditionelle Tiroler Wirtshausküche und dazu ein wahrlich beachtliches Weinangebot.

Tel: 05356 63641
6370 Kitzbühel
Ried am Horn 8

www.hornkoepfl.com
hornkoepfl@kitz.net

MELKALM

Ganz so einfach ist es dann doch nicht: Auf einer Melkalm werden nämlich nicht einfach nur Kühe gemolken. Vielmehr handelt es sich auch um eine Alm für den Auftrieb von Milchkühen. Die Melkalm in Kitzbühel hat damit aber, vom Namen einmal abgesehen, nicht viel zu tun. Sie ist ein Ort der soliden alpinen Gastlichkeit und nennt sich deshalb auch Alpengasthof Melkalm. Die heimische Almkost ist hervorragend, die Käsespätzle und das Schnitzel sind grandios. Selbst die Berner Würstel, sonst eher eine leidige Randnotiz auf diversen Hüttenspeisekarten, schmecken hier sehr gut. Dasselbe gilt für die selbst gemachten Mehlspeisen und Desserts.

Tel: 05356 62119
0664 182 1975

6370 Kitzbühel
Hahnenkamm 32

www.gasthof-melkalm.at
melkalm32@gmail.com

täglich 8.30–16 Uhr
variabel

PANORAMA-ALM

Mehr ein Bergrestaurant denn eine Alm, sollte man der Panorama-Alm dennoch eine faire Chance einräumen. Der Schein trügt, denn auf den ersten Blick wirkt sie groß und unpersönlich. Ist sie aber nicht. Denn sie heißt nicht umsonst so, wie sie heißt: Das Panorama ist tatsächlich beeindruckend, die Küche auch. Die „üblichen Verdächtigen" dominieren auf kulinarischer Ebene zwar, aber die Form ist blendend: feine Steaks vom heimischen Rind, ein saftiger Zwiebelrostbraten und für die Jungen Kaiserschmarren „Alf", Schnitzel „Pinocchio" und Grillwürstel „Pokémon".

Tel: 0664 330 6409

6370 Kitzbühel
Jochberg 1592/3

www.panoramaalm.net
info@panoramaalm.net

täglich 8–21 Uhr

SEIDLALM

Frische Milch von den eigenen Jersey-Rindern, Schnaps, Käse und Butter vom Schörgererhof in Oberndorf: So sieht die Kulinarik auf der Seidlalm aus. Als gute Ergänzung dazu sind die sauberen und geistvollen Fruchtbrände von Edelbrenner Manfred Höck vorhanden. Die Karte bietet allerlei Traditionelles: Der Moosbeerschmarren oder die gebrannte Topfencreme munden sehr gut. Es geht aber auch deftiger: Die gebackene Blutwurst mit Schnittlauchcreme bringt es ziemlich und auch das Wildragout ist wirklich, wirklich toll.

Tel: 05356 64235
0664 530 7356

6370 Kitzbühel
Ried Ecking 24

www.seidlalm-kitzbuehel.at
info@seidlalm.at

täglich 9–17 Uhr

© Michael Werlberger

KÖSSEN

KITZBÜHEL

NARINGALM

Sympathisch ist sie, die kleine Alm im Kaiserwinkl, so schön gelegen an den Südhängen der Wetterfahne. Im Sommer ist sie zur Weidezeit bei schönem Wetter durchgehend geöffnet, bei Schlechtwetter steht man womöglich vor verschlossenen Türen. Sinnvollerweise ruft man also deshalb vorab an oder erkundigt sich via E-Mail. Geboten werden dann jedenfalls kräftige Brotzeiten und Marenden und natürlich die Getränke, die so üblich sind. Das Panorama ist es dann aber eigentlich, das den Weg auf die Alm schon lohnend macht. Zudem ist der Anstieg unkompliziert und einfach. Der Begrüßungsschnaps geht außerdem netterweise stets aufs Haus.

Tel: 0664 360 2911

6345 Kössen
Moserbergweg 53

www.naring-alm.at
leo@wegererhof.at

SCHWARZENBACHALM

Inmitten des Kaiserwinkls, in der Gemeinde Kössen, gibt es kristallklare Luft, unberührte Natur und saftigste Bergwiesen. Ein Juwel dabei ist die auf 1.000 Metern gelegene Schwarzenbachalm, die nicht nur Erfrischung und Rast für Wanderer und Mountainbiker bietet, sondern vor allem einen eindrucksvollen Ausblick auf den Zahmen Kaiser und den Unterberg. Auf der Alm genießt man als Panoramabegleitung Tiroler Köstlichkeiten, beispielsweise das hausgebackene Brot, das zu diversen Jausen und Marenden aufgetischt wird. Ebenfalls nicht auslassen darf man die selbst gemachten Schäpse und Liköre, vor allem den fruchtigen Heidelbeerlikör.

Tel: 0664 587 5865

6344 Kössen

www.schwarzenbach-alm.at
alois.daxauer@hotmail.com

TAUBENSEEHÜTTE

Man kennt den Taubensee auch als das „Auge Bayerns". Warum das so ist, erkannt man alsbald, wenn man aus der Vogelperspektive auf diesen hinabschaut. Bayern? Na gut, die Grenze ist nicht weit. So oder so bekommt man aber definitiv keine Tauben zu sehen, der Name kommt also nicht von den Vögeln. Die kleinen Krebse, die es im Taubensee offenbar noch gibt, heißen im Volksmund „Daupn". In den Suppentopf schaffen sie es leider zwar nicht, aber auch die Suppe mit heimischen Fischen schmeckt gut. Was auch über die Desserts gesagt werden kann.

Tel: 0664 1246925
6345 Kössen
Mühlbergweg 54
www.taubensee.at
info@taubensee.at
Di–So 10–16 Uhr

OBERNDORF IN TIROL — KITZBÜHEL

STANGLALM

Die Adresse suggeriert, dass man es bei der Stanglalm am Kitzbüheler Horn mit einer Alm zu tun hat. Deutlich mehr ist es aber ein durchaus stattliches Alpengasthaus, das mit gediegener Tiroler Wirtshauskultur aufwartet. Die wandernden und skifahrenden Genießer wissen jedenfalls, was sie erwartet, denn schließlich ist die Stanglalm Mitglied bei den „Weinwirten am Kitzbüheler Horn". Zudem ist das „Almerer-Schnitzel" mittlerweile, zu Recht, legendär. Diese kraftvolle Variante eines Cordon bleus – zwei Schnitzel mit Topfen und Speck dazwischen –, paniert und in der Pfanne herausgebacken, muss man probiert haben. Selbiges gilt auch für die Kuchen.

Tel: 05352 64725
6372 Oberndorf in Tirol
Almen 6
www.stanglalm.at
info@stanglalm.at

ST. JOHANN IN TIROL — KITZBÜHEL

ANGERER ALM

Die Angerer Alm ist ein Fels in der kulinarischen Brandung Tirols. Dabei könnte das mit dem Fels durchaus im wahren Wortsinn gemeint sein, denn neben ihrem kulinarischen Angebot ist die Angerer Alm vor allem für eines bekannt: ihren Felsenkeller, in dem außergewöhnliche und rare Weine lagern. Wenig verwunderlich, ist doch die Seniorchefin (Alm und Küche haben zwischenzeitlich Tochter und Schwiegersohn übernommen) die Präsidentin der Österreichischen Sommelierunion. Es gibt Produkte von ansässigen Lieferanten, Zutaten von Bauern aus der Region, heimisches Wild und Kräuter aus dem Almkräutergarten.

Tel: 05352 62746
6380 St. Johann in Tirol
Berglehen 53
www.angereralm.at
info@angereralm.at
Mi–Sa 11–16 und 18–23, So 11–16 Uhr
❄ variabel

© Angerer Alm

BASSGEIGER ALM

Die Bassgeige findet sich im Namen, aber auch im Logo der Alm. Warum, ist eigentlich unklar. Das kulinarische Angebot der Alm am Kitzbüheler Horn kann sich jedenfalls sehen lassen. Den Hüttenwirten sind Regionalität, Herkunft und Tierwohl wichtig – das ist gut so. Übersetzt auf Teller oder Bretter sind das herrliche Jausen, ein umfangreiches und reichliches Bergfrühstück bis kurz vor Mittag und später die Klassiker der Tiroler Wirtshauskultur. Das Panorama und die Wandermöglichkeiten am Kitzbüheler Horn sind sowieso einzigartig.

Tel: 05352 62117

6380 St. Johann in Tirol
Almen am Kitzbüheler Horn 1

www.bassgeigeralm-schipflinger.at
mail@bassgeigeralm-schipflinger.at

GRANDER SCHUPF

Die Natur rund um den Berggasthof Grander Schupf kann wirklich als nahezu unberührt bezeichnet werden. Die Stube ist noch dazu holzvertäfelt, rustikal und ausreichend groß, um Wander- oder Skifahrergruppen bewirten zu können. Auch Familienfeste und Hochzeiten sind kein Problem. Die Karte variiert von Saison zu Saison, ist aber stets modern und übersteigt die klassische Almkost. Man bekommt auch etwa Filetsteaks mit gegrilltem Rucola oder ein Fiakergulasch, aber auch Evergreens der heimischen Hüttenkost. Besonders gut davon: die Spinat- und Kaspressknödel mit lauwarmer Butter und gegrillten Tomaten. Zu empfehlen ist außerdem das Wein- und Getränkeangebot.

Tel: 05352 63925

6380 St. Johann in Tirol
Winkl Schattseite 6 a

www.granderschupf.at
info@granderschupf.at

Mi–Sa 11.30–20,
So 11.30–18 Uhr
❄ April bis Mitte Mai und November 2023

WAIDRING — KITZBÜHEL

KAMMERKÖRALM

Man muss exakt sein: Mit der Kammerköralm ist das gastronomische Angebot im Skigebiet Waidring-Steinplatte gemeint. Dazu gehört das Panoramarestaurant Kammerkör, das großzügig angelegt an der Bergstation des Achter-Sessellifts liegt. Es gibt viel Glas und viel Ausblick! Bei den Gerichten muss man sich auf typisches Selbstbedienungsrestaurant-Essen einstellen. Einen Stock darüber ist dann schließlich das „Alpenblick", in dem auch mit serviertem Essen gerechnet werden darf. Außerdem sind eine Après-Ski-Bar und weiter unten an der Piste die Skihütte Gasthaus Bärneck vorhanden. Einem gelungenen Skitag am Berg steht somit wohl nichts im Wege.

Tel: 05353 6316

6384 Waidring
Schredergasse 9

www.kammerkoeralm.at
info@kammerkoeralm.at

ALPBACH — KUFSTEIN

BÖGLALM

Deftige und vor allem auch große Pfannen werden einem im Winter auf der Böglalm auf den Tisch gestellt. Darin sind alpine Köstlichkeiten wie Spätzle, aber auch Schnitzel und andere „übliche Verdächtige". Freitags muss man den wirklich mustergültigen Kaiserschmarren mit Apfelmus probieren, der ebenfalls in der Pfanne daherkommt. Am Freitag ist außerdem Knödeltag. All diese Gerichte eint, dass sie frisch gekocht und mit Zutaten aus der Region zubereitet werden. Ein wenig erinnern einen die Gerichte an die guten alten Zeiten. Das Warten auf die Speisen lohnt sich jedenfalls! Ebenso wie der Spaziergang auf die Alm: einfach, abwechslungsreich und mit absolut herrlichem Panoramablick.

Tel: 0664 916 1743

6236 Alpbach
Nr. 589

www.böglalm.at
hatty@alpbach-alm.at

täglich 9–17 Uhr

FARMKEHRALM

Im Alpbachtal, genauer im Greiter Graben, da liegt die Farmkehralm besonders schön. Der Anstieg, egal, ob zu Fuß oder mit dem Bike, wird jedenfalls mit einem großartigen Ausblick auf den Großen Galtenberg, den höchsten Berg des Bezirks, mehr als nur belohnt. Auf der Alm hat man dann schließlich die Wahl zwischen gemütlicher Stube oder sonniger Terrasse. Die Produkte für die üppigen und schmackhaften Jausen kommen aus der Region und aus der eigenen Produktion. Sogar das Bier ist regional aus der nahen Zillertaler Brauerei. Probiert haben muss man das ausgezeichnete Wiener Schnitzel, für das die Farmkehralm bekannt ist.

Tel: 0680 320 90 85
6236 Alpbach
Alpbach 476

ZOTTAHOF

Der Zottahof ist seit Jahren eine sichere Bank und absolut unverändert gut. Vor allem eine kulinarische Konstante gibt es hier, für die es sich stets einzukehren lohnt: der Kaiserschmarren. Auch das Ambiente ist famos, denn die Jausenstation oberhalb von Alpbach kann mit authentischer Urigkeit punkten. Die frohe Kunde des einzigartigen Kaiserschmarrens hat sich jedenfalls bereits weit über die Grenzen des Alpbachtals hinaus verbreitet. Besonders dabei ist, dass er nicht wie sonst geläufig in Stücken serviert wird, sondern als flaumig-köstliches „Riesenomelett". Auch die Löffelmilch, ein Top-Secret-Rezept des Hauses, muss man unbedingt probiert haben.

Tel: 0650 272 70 23
6236 Alpbach
Nr. 115
jausenstation.zottahof@hotmail.com

BRANDENBERG — KUFSTEIN

JAUSENSTATION TIEFENBACHKLAMM

Die Prügeltorte ist gleichzusetzen mit der Tiefenbachklamm. Diese ist dort ein Muss, egal, ob man Mehlspeistiger ist oder eben nicht. Zuvor gilt es aber, die schöne Wanderung durch die Klamm mit einem Besuch ebendort abzuschließen. Dann sollte man die Sonnenterrasse genießen – etwaige Kinder den Spielplatz – und ausgiebig schlemmen. Es gibt schlicht und einfach das, was der Küche einfällt und was von dieser für gut befunden wird. Neben den Klassikern – Speckjause und Käseplatte – sind das sauer marinierter Graukas, Kasspatzn, stattliche Knödel und gute Strudel. Getränkemäßig gibt man sich dazu in der Jausenstation Tiefenbachklamm regional und äußerst heimatverbunden, was sich etwa daran äußert, dass man statt Coca-Cola Bichls Quellwasser und Tiroler Cola offeriert.

Tel: 05331 20086
6234 Brandenberg
Brandenberg 42

BRIXLEGG

KUFSTEIN

HECHAHOF

Ohne Übertreibung: Der Hecha ist wohl DER Speckbauer schlechthin im Alpbachtal. Diesen Speck kann man auch hier genießen, gemütlich auf 765 Metern gelegen, in einer original erhaltenen Bauernstube samt Speckselch aus dem 16. Jahrhundert. Neben dem grandiosen Speck gibt es eine ebensolche Aussicht auf das Inntal, das Alpbachtal und das Rofan-Gebirge. Die Wanderung selbst ist eher überschaubar: vom Brixlegger Ortsteil Mehrn zum Brixlegger Ortsteil Zimmermoos. Ein Spaziergang aber, der sich mehr als nur auszahlt: Neben Speck gibt es hier traditionell gute Tiroler Edelbrände und Liköre, die selbst gebrannt und selbst angesetzt sind.

Tel: 0664 113 7184
6230 Brixlegg
Zimmermoos 1

HOLZALM

Der Anstieg ist kurz, aber doch einigermaßen anstrengend. Dafür steht man dann auf dem Hausberg der Alpbachtaler, der Gratlspitze, und hat ein wunderschönes Panorama. Dieses zieht sich, natürlich nur bei schönem Wetter, bis hin zum Großglockner und dem Großvenediger, geht weiter in die Zillertaler Alpen und ebenso hinein in die Stubaier Alpen, ins Karwendel, zum Rofanstock und zum Wilden Kaiser. Neben dem Panorama entschädigt auch die Hüttenkost: Die Speckjause ist wirklich von erlesener Qualität. Darüber hinaus gibt's auf der Holzalm insgesamt ausgezeichnete Alm- und Hausmannskost.

Tel: 0676 420 6103
6230 Brixlegg
Zimmermoos 43
brixlegg@alpbachtal.at

EBBS

KUFSTEIN

ASCHINGER ALM

Die Alm liegt am Zahmen Kaiser und ist ein beliebter Ausflugsort für Rodler, Wanderer und Genießer. Angeschlossen ist eine eigene Käserei, auf den Wiesen rund um die Alm weiden die Almtiere. Das kulinarische Angebot verblüfft, weil es so umfangreich und vielfältig ist. Das Knödeltris, mittlerweile ein Klassiker, kommt anders, als man denkt. Neben Spinat- und Kaspressknödel ist eine Kärntner Kasnudel die Dritte im Bunde: ungewöhnlich, aber ausgezeichnet. Außerdem wird ein saftiges Rindsgulasch angeboten. Das Wildbret kommt von der Jagdgenossenschaft Buchberg.

Tel: 05373 43108
6341 Ebbs
Oberbuchberg 34a
www.aschingeralm.at
info@aschingeralm.at
Mo–So 9–17, Mi–Sa 9–21 Uhr

© Stefan Achorner

ELLMAU KUFSTEIN

RÜBEZAHL-ALM

Jedes Kind kennt ihn aus der Sage: Rübezahl, den Berggeist im Riesengebirge. Damit ist auch schon der Rahmen gesetzt: Die Rübezahl-Alm ist vorrangig eine Kinderalm. Kleinkinder bis zum sechsten Lebensjahr werden aufs Frühstück eingeladen, wer mit aufrechtem Gang unter der Stalltür durchgehen kann, ist hier eher weniger wichtig. Der Spielplatz ist zudem eine kleine Abenteuerwelt, in der die Kinder gut aufgehoben sind, während man die kulinarischen Angebote genießt, die dann der Selbstbeschreibung „Genießeralm" durchaus gerecht werden.

Tel: 05358 2646
6352 Ellmau
Faistenbichl 42
www.ruebezahlalm.at
info@ruebezahlalm.at

© Rübezahl-Alm

KUFSTEIN KUFSTEIN

ANTON-KARG-HAUS

Die Hütte ist herzlich und mit viel Liebe zum Detail dekoriert. Hauptsächlich finden dabei Naturmaterialien Verwendung. Daher wird das Anton-Karg-Haus auch gerne „Hütte mit Herz" genannt und ist besonders bei Familien und Kletterern beliebt. Es gibt noch einen weiteren Namen: Das Anton-Karg-Haus ist auch bekannt als Hinterbärenbad, da es sich in ruhiger Umgebung im Kaisertal befindet, das als eines der letzten durch eine Straße erschlossenen Täler Tirols gilt. Im Moment hat die Ortschaft etwa 40 Einwohner – Ruhe ist also gewährleistet. Kulinarische Erlebnisse allerdings auch. Wer viel und trotzdem gesund essen will, bestellt einfach den „Bärenhungersalat". Eine Empfehlung, und zwar ohne Wenn und Aber, sind die hausgemachten Kaspressknödel.

Tel: 05372 62578
6330 Kufstein
Kaisertal 2
www.hinterbaerenbad.com
reservierung@
hinterbaerenbad.com
tgl. 7.30–22 Uhr,
Mai bis Okt. 2023

PFANDLHOF

Der Pfandlhof, der im Naturschutzgebiet Kaisertal liegt, ist über einen Wanderweg von Eichelwang aus in etwa einer Dreiviertelstunde zu jeder Jahreszeit erreichbar. Bei der bequemen Wanderung hat man die Festung Kufstein stets fest im Blick, ebenso die Innberge und natürlich den imposanten Wilden Kaiser. Die Speisekarte vor Ort lohnt sich: Sie ist dominiert von klassisch-traditioneller Tiroler Wirtshauskost. Die Suppen sind dabei hervorragend, die Rindssuppe mit Speckknödel absolut top, ebenso das Gulasch. Das Wild stammt aus eigener Jagd und sollten Wildgerichte auf der Karte stehen, sind sie ein absolutes Must-have.

Tel: 05372 62118
6330 Kufstein
Kaisertal 7
www.pfandlhof.at
info@pfandlhof.at

MÜNSTER

KUFSTEIN

BAYREUTHER HÜTTE

Die Bayreuther Hütte liegt im Rofangebirge und steht auf einem genialen Aussichtspunkt auf 1.600 Meter Höhe. An einem Ort, an dem sich Ziller-, Alpbach- und Inntal treffen. Dementsprechend eröffnen sich dem Besucher schöne Ausblicke in diese Täler und Panoramen bis hin zum Alpenhauptkamm. Auf einem lang gezogenen Almrücken gebaut und vom Sonnwendjoch im Westen flankiert, ist die Bayreuther Hütte ein idealer Ausgangspunkt für intensive Bergerlebnisse. Wanderer werden mit den Klassikern der alpinen Hüttenkost versorgt und können sich darauf verlassen, dass auch der Genuss nicht zu kurz kommt.

Tel: 0664 342 5103

6232 Münster
Alpen 157

www.bayreuther-huette.at
info@bayreuther-huette.at

© Tirol Werbung Schwarz Jens

REITH IM ALPBACHTAL

KUFSTEIN

ALMSTÜBERL GSCHWENDT

Winters wie sommers ist das Almstüberl Gschwendt in Reith im Alpbachtal ein beliebter Ausflugsort. Das kulinarische Angebot der Küche ist traditionell und bietet die Klassiker der Tiroler Hüttenkost. Vor allem der haus- und frisch gemachte Kaiserschmarren ist bei Skifahrern und Wanderern überaus beliebt. Darüber hinaus gibt es auch Schnitzel und – eigentlich leider selten auf den Hütten und Almen Tirols – die original „St.-Johanner-Würstel". Der Besuch lohnt sich – entweder bei einem Einkehrschwung oder nach einer ausgiebigen Wanderung im Alpbachtal.

Tel: 0664 253 4923

6235 Reith im Alpbachtal
Reither-Kogel 4a

www.almstueberl-gschwendt.at
info@almstueberl-gschwendt.at

ALPENGASTHOF PINZGERHOF

Schnaps: Damit fängt alles an im Pinzgerhof. Und es gibt einige (sehr gute) Gründe, warum man zugreifen sollte. In erster Linie, weil er selbst gebrannt und richtig gut ist. Der Schnaps vom Pinzgerhof wurde von den strengen Gaumen der Tiroler Edelbrandsommeliers bereits zum Betriebssieger gekürt. Aber auch alle anderen Köstlichkeiten auf der Karte kommen aus der eigenen Landwirtschaft, dem eigenen Kräutergarten oder von den Jägern der Nachbarschaft. Sehr empfehlenswert!

Tel: 05337 621740

6235 Reith im Alpbachtal
Brunnerberg 12

www.pinzgerhof.at
urlaub@pinzgerhof.at

RETTENSCHÖSS

KUFSTEIN

BURGERALM

Eine schöne Alm mit herrlicher Sonnenterrasse und einem entspannten Anstieg: Das ist die Burgeralm, die sich für Familien ebenso gut eignet wie für Biker oder Läufer. Sie ist täglich offen, außer freitags. Das ist der Tag, an dem sich Kühe und Wirte von den Herausforderungen des Almalltags erholen. An allen anderen Tagen aber gibt es deftige Brotzeiten mit Tiroler Speck und Wurst aus eigener Produktion, Pressknödel sowie frische Almmilch und Käse. Eine unveränderte Empfehlung beim Käse ist der „Tiroler Adler Gold", den man unbedingt probieren oder mitnehmen sollte – oder auch beides.

Tel: 05373 61809
0699 131 305 09

6347 Rettenschöss
Nr. 61

www.burgeralm.at
anton.fahringer@utanet.at

Sa–Do 8–18 Uhr

© Tirol Werbung Bauer Frank

WILDBICHL ALM

Der Blick aufs Unterland und auf das Untere Inntal von der Wildbichl Alm zwischen Aschau und Kufstein ist wirklich sensationell. Aber es bleibt nicht nur dabei: Denn während des Almsommers gibt es dazu noch frische Rohmilch. Wer will, kann auch selbst Hand anlegen und sich ein Glas Milch melken – wirklich wunderbar! Die Speisekarte kommt neben diesem Erlebnis fast etwas bescheiden daher: von Fritattensuppe bis Schinken-Käse-Toast. Doch ein zweiter Blick lohnt, denn die Tageskarte bietet allerlei Feines: Rehbraten, hin und wieder Gams und Speck vom Kaissenhof.

Tel: 0664 736 60 879

6342 Rettenschöss
Ritzgraben

www.wildbichlalm.at

Mi–So 9–18 Uhr

SCHWOICH

KUFSTEIN

STÖFFLHÜTTE AUF DER WALLERALM

Zuerst braucht es hier eine Klärung: Das Weidegebiet heißt Walleralm. Das ist also quasi das Grätzel am Berg. Die Hütte hingegen nennt sich Stöfflhütte. Auch das ist verwirrend, denn in der Schwoich verbindet man mit „Stöffl" vor allem Bier. Eben jenes „Stöfflbräu" heißt mittlerweile Bierol Taproom und die Craft-Biere sind außergewöhnlich gut. Die Hütte wurde jedenfalls vor mehr als 350 Jahren gebaut, die Stallungen werden heute wie bereits damals über die Sommermonate bewirtschaftet. Ein Highlight ist die Buttermilch, die von den Wirten nach einem alten Rezept hergestellt wird. Muss probiert werden!

Tel: 0664 524 9441

6334 Schwoich
Hinterstein 84

www.walleralm.at
info@walleralm.at

© Tirol Werbung Hofmann Janine

SÖLL

KUFSTEIN

ALPENGASTHOF HOCHSÖLL

Der Alpengasthof Hochsöll ist ein beliebtes Ausflugsziel. Jedes Volksschulkind im Tiroler Unterland kennt das Hexenwasser als Ziel eines Wandertags – und damit auch den Alpengasthof. Das Hexenwasser eignet sich aber auch als Lockmittel beim Familienwandern. Während die Kinder auf Entdeckungsreise gehen, können sich die Eltern kulinarisch im Alpengasthof verwöhnen lassen. Ob große Pfannen, knusprige Braten oder kleine Jausen: Das Angebot ist abwechslungsreich und reicht vom ofenfrischen Schweinsbraten bis zum Tiroler Gröstl und zum gebackenen Käse. Klarerweise gibt es auch Portionen für die Kleinen. Wunderbare Salate, hoher Bio-Anteil.

Tel: 05333 526 045 00
0664 831 7334

6306 Söll
Salvenberg 26

www.alpengasthof-hochsoell.at
alpengasthofhochsoell@skiwelt.at

täglich 11–16.30 Uhr

AUALM

Im Winter ist die Aualm eine einkehrschwungtaugliche Hütte in der Skiwelt Scheffau. Mit allem, was dazugehört: großartige Schnäpse, Tiroler Köstlichkeiten und saftiger Schweinsbraten. Das Interieur ist rustikal, hat aber Charme. Im Sommer wird es dann wirklich alpin. Da wandert das gastronomische Angebot auf den Hochleger, die Au-Hochalm. Frische Almmilch und daraus gewonnene Produkte werden ebenso angeboten wie Wurst und Speck von den eigenen Almschweinen. Auf die kleinen Gäste wartet ein großzügiger Spielplatz. Ein wunderbarer Ganzjahresbetrieb und kulinarisch gesehen ein sicherer Hafen.

Tel: 0664 410 3300
6306 Söll
Bromberg 29
www.aualm.at
johanna@horngacher.at
tgl. 10.30–16 Uhr

THIERSEE — KUFSTEIN

BERGGASTHOF ACKERNALM

Wenn es auf der Speisekarte oder auf der Talfel Wildbret gibt, sollte man zuschlagen und nicht lange zögern. Sabine Erhart, die Almwirtin, ist nämlich nicht nur passionierte Almwirtin, sondern auch Aufsichtsjägerin. Damit sind dann Herkunft, Qualität und natürlich nicht zuletzt der Genuss gewährleistet. Verantwortungsvoll genießen kann man hier überhaupt. Das Fleisch kommt aus der biologischen Landwirtschaft und die Almkäserei ist die höchstgelegene des Landes – und nur einen Steinwurf von der Alm entfernt. Probieren werden sollte das „Ackern Cordon bleu“, das mit Speck und Graukäse gemacht wird – wirklich eine herrlich deftige Abwechslung. Ein Paradies für wandernde Genießer!

Tel: 0664 415 0580
6335 Thiersee
Almen 48
www.ackernalm.at

KALA ALM

Wenn sich der Hirsch bereits im Logo befindet, hat man ganz konkrete Erwartungshaltungen. Wildbret natürlich! Kurz ist die Enttäuschung dann da, wenn sich das nicht auf der Karte findet. Doch nur kurz, denn diese Karte hat auch ohne Hirsch Klasse. Es gibt, ganz klassisch wie es sein muss, Schweinsbraten, Geselchtes und Bauernschmaus. Ein Gericht besser als das andere. Auch das Gulasch vom Almochsen ist herrlich. So gut ist es hier, dass man beispielsweise für den Kaiserschmarren eine Portion Glück braucht, denn der ist oft bereits schon restlos aufgegessen.

Tel: 0664 205 5358
6335 Thiersee
Kala Alm 1
www.kala-alm.at
info@kala-alm.at
Mi–Sa 9–20, So 9–18 Uhr
❄ variabel

WILDSCHÖNAU/AUFFACH — KUFSTEIN

ALPENGASTHOF SCHÖNANGERALM

Im Mittelpunkt der Schönangeralm steht die Schaukäserei. Die großen Laibe mit der kräftigen Rinde haben sich schon in einigen Prämierungen durchgesetzt und Medaillen abgeräumt. Bei der Käse-Olympiade in Galtür, die immerhin als DIE Prämierung im alpinen Raum gilt, schaffen sie es immer wieder aufs Podest. Das Gasthaus selbst ist ein Ausflugsziel in der Wildschönau und Ausgangspunkt für viele wunderbare Wanderungen. Das kulinarische Angebot bietet solide Almkost in hervorragender Qualität.

Tel: 05339 8944
0664 326 7616
6313 Wildschönau/Auffach
Schönanger 205
www.schoenangeralm.at
info@schoenangeralm.at

WILDSCHÖNAU/OBERAU

KUFSTEIN

GIPFÖ HIT

Der „Gipfö Hit" ist eher ein Bergrestaurant denn eine Alm. Gelegen am Schatzberg in der Wildschönau auf 1.900 Metern Seehöhe, ist es jedenfalls empfehlenswert. 2007 wurde es von drei Freunden errichtet. Die Gipfö-Hitter, als die „GenussWirte", verarbeiten ausschließlich Tiroler Grauvieh, Nordtiroler Gemüse, Oberinntaler Erdäpfel und die Wildschöner Krautingerrübe. Bei dieser handelt es sich um eine weiße Stoppelrübe, aus der dann schließlich der in der Wildschönau berühmt-berüchtigte Krautinger destilliert wird. Dieser Destillat-Grenzgang verbindet sich hier mit leidenschaftlichem Kochhandwerk.

Tel: 0664 130 0871
6311 Wildschönau/Oberau
Schatzberg 315
www.gipfoehit.at
stefan@gipfoehit.at

NORDERBERGALM

Die Kulinarik spielt hier eine gewichtige Rolle. Auch die Tafelkultur ist wichtig. Etwas, das man so auf einer Alm eher selten vorfindet. Aber das hat seine Gründe, denn auf der Hütte kann auch geheiratet werden – und die Hochzeit ist bekanntlich ein sehr wichtiger Tag im Leben. Dafür passt dann auch das Geschirr, die ausgezeichnete Küche sowieso. Gerichte auf der Karte, egal, zu welchem Anlass: Stele, Ofenkartoffel, Kaspressknödel und vor allem Kaiser- oder Fürstenschmarren. Alles mit dem AMA-Gastrosiegel!

Tel: 0699 111 18876
6311 Wildschönau/Oberau
Zauberwinkel, Oberau 452
www.norderbergalm.at
norderbergalm@aon.at
Di–So 9–17 Uhr

GALTÜR

LANDECK

FAULBRUNNALM

Die Faulbrunnalm eignet sich bestens für Einkehrschwünge zu jeder Skitageszeit, schließlich liegt sie mitten im Galtürer Skigebiet. Das Panorama ist wunderschön, der Service freundlich, schnell und bemüht. Die Karte ist erwartungsgemäß, die Qualität der Speisen aber besser als gedacht – sogar deutlich besser. Vom Kaiserschmarren bestellt man auch gerne noch eine zweite Portion, auch wenn die erste schon recht üppig war. Auch das Tiroler Gröstl ist ein echter Volltreffer. Die Getränke sind schließlich skihüttentypisch, die Auswahl aber gut. Eine echte Empfehlung!

Tel: 05443 8231
6563 Galtür
www.huber-hotels.at
roessle@huber-hotels.at

JAMTALHÜTTE

Das Prozedere ist jedes Jahr gleich: Spitzenköche der Ischgler Bühne entwickeln für eine der Paznauner Almen ein ganz besonderes Gericht, welches dann auch während der Sommer- und Wandersaison Einzug auf der Alm hält und auf der Speisekarte vorzufinden ist. Es sind jedoch nicht nur die altbekannten Stars, sondern auch junge Wilde, die hier eine kulinarische Bühne bekommen. Die „Young Chefs Paznaun" rocken mittlerweile im Sommer gerne die Jamtalhütte. Jenseits der entwickelten Gerichte lässt es sich auf der Jamtalhütte aber ebenfalls äußerst köstlich speisen.

Tel: 05443 8408
0664 399 8400
6563 Galtür
Haus Winkl 27b
www.jamtalhuette.at
info@jamtalhuette.at
täglich 11.30–15 und 18–22 Uhr
1. Jänner bis 15. Februar und 2. Mai bis 20 Juni 2023

© Jamtalhütte

ISCHGL — LANDECK

FRIEDRICHSHAFENER HÜTTE

ALMHÜTTE DES JAHRES 2023

Niemand Geringerer als Benny Parth hat bereits vor einiger Zeit ein Gericht für die Friedrichshafener Hütte gezaubert. Vegan, wohlgemerkt. Das ist sowohl für Parth als auch für die Hütte eher außergewöhnlich. Das Gericht war es sowieso: „Heimischer Pilz im Röstimantel auf Paprikakraut und Schnittlauchsauce". Sauce, natürlich, denn Parth gilt weit über die Grenzen des Alpenraums hinaus als wahrer Saucenkünstler. Die Hütte selbst? Die ist definitiv ein sicherer Hafen für soliden Genuss. Seit über 100 Jahren thront die massive Hütte über der Muttenalpe, oberhalb von Ischgl und Galtür.

Tel: 0676 790 80 56
6562 Ischgl
Wirl 2a
www.dav-fn.de/verein-12/fnhuette
friedrichshafener-huette@dav-fn.de
tgl. 11–19 Uhr

KAPPL — LANDECK

ALMSTÜBERL KAPPL DIAS

Der kulinarische Jakobsweg, ein Projekt der Ischgler Haubenköche, ist fest mit der Neuen Dias Alpe verbunden. Beim kulinarischen Jakobsweg bereitet jeweils einer der teilnehmenden Köche ein Gericht für eine Sommersaison auf einer Hütte oder Alm zu. Auch heuer wieder hat fürs Almstüberl niemand Geringerer als Martin Sieberer gekocht: ein Kräuterferkel von der Dias-Alm mit fermentiertem Kraut und geschmortem Paprika. Aber auch sonst hat das Almstüberl aus kulinarischer Sicht einiges zu bieten. Solide Teller, zünftige Marenden. In etwa einer Stunde – je nach Fitnesslevel – ist man von der Bergstation beim Almstüberl, entweder über die Serpentinen der Bergstraße oder – wiederum je nach Fitnesslevel – direkt den steilen Hang hinauf.

Tel: 0650 2621518
6555 Kappl
Dorf 452

© Heike Mayerhofer

ALPE GAMPERTHUN

Die Alpe Gamperthun ist eine der schönsten und höchsten Kuhalmen im Paznaun. Knapp über der Baumgrenze auf 2.057 Meter Seehöhe gelegen, bietet sie einen herrlichen Ausblick zu den höchsten Berggipfeln des Paznaun sowie talauswärts bis nach Grins. Schön zu sehen sind der Hohe Riffler, das darunterliegende ewige Gletschereis, die Pezinerspitze, der Kappler Kopf und vieles mehr. Für ein außergewöhnliches kulinarisches Erlebnis sorgen der selbst hergestellte Paznauner Almkäse und eine Reihe von Jausen und Marenden – jede einzelne davon ist großes Almgaumenkino!

Tel: 0664 202 4740

6555 Kappl
Sinsnerau, 20C

haus-michael@kappl.at

täglich 11–18 Uhr (Mitte Juni–Mitte Sept.)

NIEDERELBEHÜTTE

Als Ausflugsziel ist die Niederelbehütte überaus beliebt. Wanderer erklimmen die Hütte in der Verwallgruppe, die auf stattlichen 2.300 Metern steht und westlich von Landeck liegt, überaus gerne. Sie befindet sich auf einem Bergrücken, umgeben von zwei Gebirgsseen im hinteren Sessladtal. Der kulinarische Genuss kommt nicht zu kurz: Eine attraktive Auswahl von auszeichneten Gerichte erwartet die Bergfexe. Identität ist hier ein Thema. „Regional-typische Spezialitäten bedeuten nicht nur Genuss, sondern auch Identität und Zugehörigkeit", steht dazu auf der Homepage. Nun alsdann: Die Brotzeiten und Marenden können sich jedenfalls sehen lassen, das Tiroler Gröstl ebenfalls – nicht zuletzt auch die Mehl- und Süßspeisen.

Tel: 0676 415 23 55

6555 Kappl
Nederle 27

www.niederelbehuette.at
info@niederelbehuette.at

Mo–So 11–14 und 18–19 Uhr
❄ bis Mitte Juni 2023

KAUNERBERG — LANDECK

GOGLES ALM

Als Jausenstation hat sich die „Gogles" mittlerweile einen exzellenten Ruf erarbeitet, der über die Landesgrenzen hinausreicht. Im Grunde ist sie eine ganz klassische Alm, in diesem Segment gehört sie aber zweifellos in das Spitzenfeld der heimischen Almen. Geboten werden traditionelle Tiroler Alm- und Hausmannskost auf einem Niveau, das sich wirklich sehen lassen kann. Der Kaiserschmarren ist nicht weniger als unglaublich gut, die Käsespätzle sind einzigartig und die Mehlspeisen ein absoluter Renner. Nicht zu vergessen ist auch das Panorama der Gogles: unvergleichlich.

Tel: 0660 549 90 84

6527 Kaunerberg
Falpaus 138

www.gogles-alm.at
info@gogles-alm.at

© Gogles Alm

KAUNERTAL
LANDECK

GEPATSCHHAUS

Zahlreiche Wanderungen, Gipfel- und Eistouren liegen vor einem, wenn man die Hütte der Hüttenwirtin Luzia Ragg erklommen hat. Da wären etwa die Weißseespitze, der Glockturm, die Vordere und Hintere Ölgrubenspitze – alles beliebte 3.000er, die von der Hütte aus erobert werden können. Auch der Klettergarten und der Holderli-Seppl-Klettersteig sind Attraktionen, beide rund 15 Gehminuten vom Haus entfernt. Die Verpflegung auf der Hütte ist einfach und zweckmäßig.

Tel: 0664 431 9634

6524 Kaunertal
Gletscherstraße

www.gepatschhaus.at
info@gepatschhaus.at

ST. ANTON AM ARLBERG
LANDECK

ALPE ROSSFALL

Der Anstieg zur Alpe Rossfall in St. Anton dauert etwa 1,5 Stunden. Zuerst geht es einen Forstweg entlang, gegen Schluss hin wird der Weg leicht ansteigend. Die Alpe liegt im Gemeindegebiet von St. Anton, gehört aber ein paar Bauern aus Tobadill. Robert Seethaler, der Wirt, ist auch verantwortlich für die Tiere, also für die Rinder, die Alpschweine und die Ziegen. Er ist auch der Käser und sein Rossbacher Almkäse hat bei der Käse-Olympiade schon eine Silbermedaille abgeräumt. Dazu kommen wunderbare Jausen und Marendbrettln, die sich sehen lassen können, auf den Tisch. Und neben der frischen Almmilch gibt es immer noch den Moostaler Zirbenlikör.

Tel: 0664 131 2528

6580 St. Anton am Arlberg

www.alpe-rossfall.at
robert.seethaler@aon.at

DARMSTÄDTER HÜTTE

Auf 2.384 Höhenmetern – so weit oben liegt die Darmstädter Hütte – geht es recht felsig zu. Die Vegetationsgrenzen ist zwar noch nicht ganz erreicht, üppig grün ist es hier aber auch nicht mehr. Damit darf auch das Gemäuer der Hütte einen ganzen Zacken massiver sein. Die Darmstädter Hütte ist jedenfalls eine Alpenvereinshütte, die etwas südlich von St. Anton am Arlberg liegt. Kulinarisch spielt sie viele Stücke, legendär sind etwa die verschiedenen Knödel. Es soll sogar Bergsportler geben, die eigenes wegen der Knödelvariationen den Weg zur Hütte auf sich nehmen. Gut möglich aber auch, dass sie das wegen der frisch gebackenen Mehlspeisen tun.

Tel: 05442 67525
0699 154 46314

6580 St. Anton am Arlberg

www.darmstaedterhuette.at
darmstaedter.huette@
gmx.net

täglich 11.30–15 und
17.30–19 Uhr

SENNHÜTTE

Man muss es so sagen: Die Sennhütte ist eigentlich ein Erlebnispark. Familienfreundlich ohne Ende, liegt sie am Westende von St. Anton am Arlberg und ist über einen gemächlichen Spaziergang gut erreichbar, gerne auch mit dem Bus. Der Spaziergang mündet schließlich in einen Lehrpfad mit alpinen Kräutern, Pflanzen und Stationen bis zur Sennhütte hinauf. Vor Ort darf dann geklettert oder gespielt werden – vor allem die Kinder. Die Eltern verweilen auf der großen und sonnigen Terrasse und stärken sich bei dem almtypischen Angebot.

Tel: 05446 2048
6580 St. Anton am Arlberg
Dengertstraße 503
www.sennsationell.at
sennhuette@sennsationell.at
täglich 11–17 Uhr

© Sennhütte

ULMER HÜTTE

Seit 1903 besteht diese Schutzhütte des Deutschen Alpenvereins. Herrlich gelegen ist sie auf 2.288 Metern Seehöhe und dabei umgeben von den weltberühmten Wintersportorten am Arlberg. Die Zeit ist seither nicht stillgestanden, die Ulmer Hütte wurde ständig erweitert und erstrahlt heute im Glanz und mit dem Komfort eines soliden Berggasthofs. Auch im Winter ist sie bestens erreichbar, liegt sie doch im Zentrum des Skigebiets am Arlberg, unmittelbar an der Piste. Im Sommer dient sie zudem als Stützpunkt des Lechtaler Höhenwegs. Die bereits viele Jahre agierenden Hüttenwirte, Karin und ihr Team, verstehen ihr Handwerk und sind vor allem auch für ihre authentisch-herzliche Gastfreundschaft bekannt.

Tel: 05446 30200
0664 108 2088
6580 St. Anton am Arlberg
Postfach 105
www.ulmerhuette.at
info@ulmerhuette.at
tgl. 11–16 Uhr

SEE/PAZNAUN LANDECK

ASCHER HÜTTE

Die Ascher Hütte liegt auf 2.256 Meter Höhe in der Samnaungruppe und ist umgeben vom Blankakopf und Rotpleiskopf – welch herrlicher Blick auf die Verwallgruppe! Die Wanderung führt vom See im Paznauntal zuerst durch den Ort und über Wiesen aufwärts, danach auf gutem Forstweg zur Mittelstation mit der Medringalm. Weiter zur Bergstation und über das Gratli hinein in das weitläufige Tal mit der Ascher Hütte. Sie ist jedes Jahr Teil des kulinarischen Jakobswegs. Heuer war es Andreas Spitzer vom Fliana, der für die Ascher Hütte Grammelknödel mit Sauerkraut und Paznauner Bergkäse zubereitete.

Tel: 0650 723 0506
6553 See/Paznaun
Gries 113
www.ascherhuette.com
info@ascherhuette.com

SERFAUS LANDECK

KÖLNER HAUS

Wer einen starken Bezug zum Essen hat, der mag auch das Kölner Haus. „Slow High“ wäre in diesem Fall eine passende Bezeichnung, denn das Kölner liegt auf immerhin knapp 2.000 Metern Seehöhe. Dieser Ort überzeugt mit enkeltauglicher und zukunftsweisender Kulinarik. Das bestätigen nicht nur die zahlreichen Stammgäste, sondern auch diverse Gütezeichen und -siegel wie beispielsweise das Umweltgütesiegel der Alpenvereine, die Auszeichnungen als Klimabündnis- und BIO-AUSTRIA-Betrieb oder die Mitgliedschaft bei der Initiative „So schmecken die Berge“. Alles in allem also Slow Food vom Feinsten.

Tel: 05476 6214
0676 842 927 486

6534 Serfaus
Plojenweg 5

www.koelner-haus.at
info@koelner-haus.at

tgl. 10.30–19 Uhr
Mitte April–Mitte Juni und Mitte Okt.–Anfang Dez. 2023

© Kölner Haus

SEEALM HÖG

Einfach umwerfend: der Blick von der Seealm Hög auf den See und die umliegenden Berge. Die Seealm Hög selbst ist eine typische Mittelstation, weiß aber mit einem außergewöhnlichen Speiseangebot aufzuwarten. Die alten Rezepte werden anspruchsvoll präsentiert und inszeniert, der Apfelstrudel scheint direkt aus Großmutters Küche zu kommen. Ein Händchen fürs Anrichten hat man hier jedenfalls allemal: Die Teller sind eine wahre Augenweide! Auch den Zeitgeist versteht man: Es gibt hervorragende vegane und vegetarische Gerichte.

Tel: 05476 6203650

6534 Serfaus
Dorfbahnstraße 75

www.serfaus-fiss-ladis.at
seealm@skiserfaus.at

© Tirol Werbung Bauer Frank

ZAMS LANDECK

ZAMMER ALM

Ein Einkehrschwung im Winter hat bei dieser urigen Tiroler Almhütte, die zu den Venet-Bergbahnen gehört, definitiv Tradition. Aber auch im Sommer lädt sie Wanderer zum kulinarischen Genuss mit Erholungsfaktor ein. Das Konzept geht offensichtlich auf, denn die gemütliche Sonnenterrasse und die ebenso heimelige Stube sind meistens gut besucht. Währenddessen können die Kinder auf dem Abenteuerspielplatz herumtollen. Serviert bekommt man ausgezeichnete hausgemachte Mehlspeisen und einen grandiosen Kaiserschmarren. Regionale Köstlichkeiten, klassische Brettln und Jausenteller mit Speck, Käse und Schinken runden das Angebot ab.

Tel: 05442 61111
0676 846 909 502

6511 Zams
Hauptstrasse 38

www.venet.at
info@venet.at

© Zammer Alm

AUSSERVILLGRATEN LIENZ

VOLKZEINER HÜTTE

Die Volkzeiner Hütte liegt im Winkeltal bei Außervillgraten in Osttirol. Das hat den entscheidenden Vorteil, dass sie ziemlich ruhig und abgelegen ist, allerdings finden sich hier große Schafweiden. Präziser: nicht nur große, sondern die größten des Landes. Kein alpines Gebiet wird so dicht von Schafen beweidet wie das Villgrater Tal. Verständlich also, dass Schaf und Lamm auch in der Küche der Volkzeiner Hütte omnipräsent sind. Lammhaxen und Lammbraten sowie auch diverse andere Teile vom Tier dürfen verkostet und genossen werden. Ein Highlight ist zweifellos die Polenta mit Rehragout, da auch Wild ein wichtiges Thema ist.

Tel: 04843 20031
0664 988 88 00

9931 Ausservillgraten
im Winkeltal

www.volkzeinerhütte.at
tonianton@a1.net

KALS AM GROSSGLOCKNER LIENZ

ADLER LOUNGE

Sechzig Dreitausender hat man im Blick, wenn man von der Adler Lounge herunterschaut – ein eindrucksvolles Panorama. In der Lounge dominiert ambitionierte Architektur, und auch die kann sich sehen lassen. Die Zirbenstube ist gemütlich und garantiert soliden, bodenständigen Genuss. Im Restaurant bietet sich ein anderes Bild: helles Licht, hohe Fenster und modernes Design. Diesen Spagat aus Tradition und Moderne bildet auch die Küche ab. Die Gerichte werden dabei aufwendig und mit Liebe zum Detail angerichtet. Wenn man sie vorbestellt, sind in der Lounge auch herrliche Fondues erhältlich.

Tel: 04876 8233250
0650 522 5180

9981 Kals am Großglockner
Haus Nr. 81

www.adlerlounge.at
info@adlerlounge.at

KARLSBADER HÜTTE

Traditionell und klassisch: So ist die Alpenvereinsschutzhütte, die in den Lienzer Dolomiten liegt. Die Karlsbader Hütte ist ein wahres Paradies für Bergsportler und Kletterer, der kleine Laserzsee, der unterhalb der Hütte liegt, ist zudem ein besonders lohnendes Fotomotiv. Doch ob der Schönheit sollte nicht aufs Genießen vergessen werden, denn die Küchenlinie orientiert sich an den Klassikern der alpinen Hüttenkost. Gewählt werden kann ein dreigängiges Menü, aber auch à la carte kann man essen.

Tel: 0664 975 9998

9981 Kals am Großglockner
Großdorf 61

www.karlsbaderhuette.at
karlsbaderhuette@aon.at

täglich 11–20 Uhr

KARTITSCH — LIENZ

OBSTANSERSEE HÜTTE

Ziemlich hoch liegt die Hütte am Karnischer Höhenweg auf stolzen 2.300 Metern Seehöhe. Der Aufstieg ist nicht einfach, aber der Ausblick entschädigt mehr als nur: Er reicht von den Sextener Dolomiten bis zum Großglockner. Für die Kulinarik sorgen die Hüttenwirte Patricia und Heinz Bodner, wobei Heinz am Herd steht. Er zaubert traditionelle Tiroler Alm- und Hüttenkost in ausgezeichneter Qualität: Tiroler Gröstl, Rösterdäpfel mit Spiegelei, Speck- und Käseomelette. Auch für das Trinken ist gesorgt, besonders zu empfehlen ist natürlich die Rohmilch, direkt von den Kühen auf der Obstansersee Hütte.

Tel: 04848 5422
0664 161 8723

9941 Kartitsch

www.fam-bodner.at
bhp@tirolspeed.com

© Tirol Werbung Venier Martin

Bei der Zusammenstellung dieses Guides ließen wir größtmögliche Sorgfalt walten, trotzdem können Daten falsch oder überholt sein. Eine Haftung können wir auf keinen Fall übernehmen.

MATREI IN OSTTIROL

LIENZ

WODENALM

Der Eingang ins Osttiroler Virgental ist der Startpunkt, um zur Wodenalm zu gelangen. Das kulinarische Panorama, das sich einem oben auf der Alm bietet, kann sich dann schließlich sehen und schmecken lassen. Es gibt die ganze Palette der traditionellen Tiroler Almkost: verschiedene Käsesorten, Speck, Joghurt und Graukäse beispielsweise. Aber auch der hofeigene Ziegenkäse mit frischem Brot aus dem uralten Holzofen ist herausragend gut. Nicht vergessen darf man den frisch gemachten Kaiserschmarren, der, falls verfügbar, auch mal gerne mit Blüten oder Blumen der umliegenden Almwiesen dekoriert wird.

Tel: 04874 5313
0699 121 658 58

9971 Matrei in Osttirol
Zedlach 12

www.zedlach.at

ZUNIGALM

Diese Lage! Auf 1.855 Metern genießt man hier ein nahezu unglaubliches Panorama über den Großglockner und die Venedigergruppe. Diese Aussicht entschädigt jedenfalls mehr als nur für den doch etwas schweißtreibenden Aufstieg, der gut zwei Stunden in Anspruch nimmt. Wer mag und noch kann, kann im Anschluss noch den Großen Zunig (knapp 2.800 Meter) erklimmen. Empfehlenswert ist aber, das Verwöhnprogramm auf der Hütte zu wählen: Die Milchprodukte sind frisch und kommen aus der eigenen Landwirtschaft, Buttermilch, Joghurt und natürlich Milch werden kredenzt. Aus eigener Erzeugung sind außerdem die Hauswurst und die Moosbeernocken, die absolut traumhaft und vorbildlich sind. Obwohl man diese „Nocken" eigentlich nicht Nocken nennen sollte, sondern besser riesige Omelette.

Tel: 04875 6240
0664 905 9063

9971 Matrei in Osttirol
Waier 2

www.virgental.at/zunigalm
zunigalm@tele2.at

OBERTILLIACH

LIENZ

PORZEHÜTTE

Im Tiroler Teil der Karnischen Alpen gelegen, ist die Porzehütte eine Alpenvereinshütte der Sektion Austria des ÖAV. Sie ist mit der AV-Hütten-Kategorie I klassifiziert und somit ein wichtiger Etappenstützpunkt auf dem Karnischen Höhenweg. Für alpine Abenteuer kann man sich jedenfalls bestens stärken: Traditionelle Tiroler Hüttenkost, schmackhafte Suppen und Knödel, Würste, Speck und Käse werden zu üppigen Brotzeiten und Marenden angerichtet. Auch das Getränkeangebot kann sich sehen lassen.

Tel: 0664 325 6452

9942 Obertilliach

www.alpenverein.at/
porzehuette/
porzehuette@gmx.at

PRÄGRATEN

LIENZ

ISLITZER ALM

Wenn eine Alm wie die Islitzer Alm schon mal mitten im Nationalpark Hohe Tauern liegt, dann ist die Richtung klar. Nationalparkattraktionen wie der Wasserschaupfad oder die wilden Umbalfälle sind nämlich in Spazierweite. Die Wanderungen zur Alm und zu den Wasserfällen sind aber einigermaßen anspruchsvoll, zum Glück aber auch sehr spannend. Auf der Alm bekommt man dann schließlich äußerst solide Hüttenkost serviert. Wobei sich darunter auch Sachen befinden, die sich nicht auf jeder Alm finden lassen: Gamsbraten, Steinbock, Osttiroler Schlipfkrapfen und Tiroler Gröstl. Natürlich gibt es auch absolute und unangefochtene Klassiker, dazu Mehlspeisen und einen stattlichen Eisbecher. Zudem stammt das Fleisch aus der eigenen Landwirtschaft.

Tel: 04877 5285
0664 975 9790

9974 Prägraten
Hinterbichl 14

www.islitzeralm.at
office@islitzeralm.at

Mo–So 11–19 Uhr

ST. JAKOB IN DEFEREGGEN — LIENZ

ALPE STALLE

Die Rodelbahn runter von der Alpe Stalle ist längst legendär. Die Alpe Stalle gilt daher nicht ohne Grund seit einer Ewigkeit als DIE Rodelhütte im Defereggental. Die Rodelbahn selbst ist schnell und schneesicher. Auch die beiden Wirtsleute, ihr Schmäh und der Kaiserschmarren, den sie in der Alpe servieren, sind Unikate. Sie haben grandiose Schlipfkrapfen, eine deftige Brettljause mit herrlichem Speck und natürlich die eine oder andere Tiroler Köstlichkeit im Angebot. Im Sommer ist die Alpe Stalle übrigens auch eine Empfehlung und ein herrliches Ausflugsziel für Wanderer und Spaziergänger. Erreichbar ist sie in einer Gehzeit von einer knappen Stunde.

Tel: 0664 263 7221
9963 St. Jakob in Defereggen

BERWANG — REUTTE

EHENBICHLER ALM

Wer authentische Tiroler Küche sucht, findet mit der Ehenbichler Alm einen Ort für sich. Die Alm ist jedenfalls ein beliebtes Ausflugsziel, vor allem deshalb, weil der Blick auf die Zugspitze wirklich sehr gut ist. Aber das ist nicht alles: Sie ist eine der wenigen Almen, bei der Kaiserschmarren sagenhaft gut und herrlich flaumig ist. Keine Selbstverständlichkeit, greifen doch viele Hütten und Almen auf plastikverpackte Convenience-Produkte zurück. Der Ehenbichler-Alm-Schmarren ist hingegen einer der besten des ganzen Landes – mit Rumrosinen, selbst gemachtem Apfelkompott und Zwetschkenröster. Einfach sündhaft gut! Auch die „Vesperbrettln" schmecken überaus fein. Im Herbst ist außerdem Wildzeit.

Tel: 0676 351 1681
6622 Berwang
www.ehenbichler-alm.com
ehenbichleralm@gmail.com

© Tirol Werbung Neusser Peter

ELBIGENALP — REUTTE

GIBLER ALM

Auf der großen Sonnenterrasse der Gibler Alm bekommt man ausgesprochen gute Gerichte, die natürlich, je nach Wetter, auch in den gemütlichen Stuben aufgetischt werden. Die Bandbreite bewegt sich von typischer Tiroler Almkost bis zu selbst gemachten Waffeln oder süßen Mehlspeisen. Erreicht werden kann die Gibler Alm locker in einer halben Stunde auf dem Adlerweg oder entlang des gemütlich hinaufziehenden Almwegs. Der Weg geht stets flach dahin und ist somit auch kinderwagentauglich.

Tel: 05634 6124
0664 750 29682

6652 Elbigenalp
Untergiblen 28 b

ELMEN — REUTTE

STABLALM

Almwirtschaft

Was für ein Balkon! Als der „Balkon des Lechtals" wird jedenfalls die Stablalm bezeichnet. Zu Recht! Denn die Alm, auf einer Lichtung über Elmen gelegen, eröffnet einen herrlichen Blick auf den wilden Lech und auf die umgebenden Berge. Die Wanderung davor ist bereits ein Erlebnis. Übernachten ist dann oben zwar nicht möglich, doch der frühe Wandervogel fängt ein herrliches Almfrühstück mit viel Selbstgemachtem und Eiern vom Bio-Hof. Die Küche bietet schließlich regionale Gerichte, vom Speckknödel bis hin zum Kaiserschmarren.

Tel: 0676 907 7525

6644 Elmen
Elmen 153

www.stablalm.at
info@stablalm.at

Mi–Mo 11–17 Uhr

HALDENSEE IM TANNHEIMERTAL — REUTTE

EDENBACHALM

Kulinarisch betrachtet sind Grän und der Haldensee sowie das ganze Tannheimer Tal eine überaus lohnende Destination. Aber auch landschaftlich trumpft die Region auf. Die Edenbachalm beispielsweise liegt mitten im Wandergebiet Edenalpe und ist eine urige Tiroler Alm, die von der Familie Schmid betrieben wird. Das Grauvieh auf der Weide sorgt dort für außerordentlich gute Almprodukte, aus eigener Produktion selbstverständlich. Die Stube ist gemütlich, auch dank Ofen, und mittwochs ist Kasspatzltag. Nächtigen kann man auf der Alm leider nicht, deshalb unbedingt den Rückweg einplanen!

Tel: 05675 6460
0664 914 3577

6673 Haldensee im Tannheimertal
Haldensee/Obersdorf 3

www.schmid-tirol.com
info@schmid-tirol.com

LERMOOS — REUTTE

LERMOOSER ALM/TUFTLALM

Für die Einheimischen ist klar: Das ist die Tuftlalm! Das war so und das wird auch immer so bleiben. Dennoch gibt es noch einen anderen Namen, eben Lermooser Alm. So oder so: Der Aufstieg hinauf ist überaus ambitioniert, das Panorama oben entschädigt reichlich. Auch die Gerichte lassen die Anstrengung so gut wie vergessen. Die Erbsensuppe etwa ist immer noch ein Geheimtipp und das Joghurt mit Früchten beliebt wie eh und je. Alles in allem ist die Tuftlalm jedenfalls ein Erlebnis, im Rahmen dessen auch Alm- und Buttermilch probiert werden müssen.

Tel: 0676 556 82 02

6631 Lermoos
Tuftlalpe 439

s.mairoser@gmail.com

täglich 11–17 Uhr
❄ bis Anfang Mai 2023

NESSELWÄNGLE REUTTE

KRINNENALPE

Urig und authentisch geht es hier zu, auf der Schutzhütte Krinnenalpe in einem wunderschönen Hochtal mit zahlreichen Wandermöglichkeiten mit unterschiedlichsten Schwierigkeitsgraden. Wahrlich optimal ist die Alpe als Treffpunkt im Winter für Skifahrer, Snowboarder, Tourengeher und Rodler. Zurecht geschätzt wir die Krinnenalpe aber auch für ihre kulinarischen Angebote und Möglichkeiten. Der Service ist freundlich, die Brotzeiten sind großartig. Den Speck beziehen die Wirtsleute etwa vom Pfluger, der Karree-, Bauch-, Wurzel- oder Knoblauchspeck liefert. Der Käse wird aus dem Tannheimer Tal bezogen.

Tel: 05675 8189
0676 555 90 00

6672 Nesselwängle
Nr. 91

www.krinnenalpe.tirol
info@krinnenalpe.tirol

© Krinnenalpe

SCHNEETALALM

Ohne Übertreibung, lässt sich die Schneetalalm als eine Arche für die Rettung bedrohter Rassen beschreiben. In diesem Refugium befinden sich Waliser Schwarzhalsziegen, Pfauenziegen, gemsfarbige Gebirgsziegen, Tauernschecken, die zotteligen und langhörnigen Schottischen Hochlandrinder – um nur einige zu nennen. Aber auch Gaumenfreuden gibt es auf der Schneetalalm, die zumeist originelle Namen haben: GOURMETabend, KIKERIKIfrühstück oder der HolzBACKofen. Der Wirt hat – das schmeckt man – eine Leidenschaft fürs gute Essen. Slow-Food-Herzen schlagen auf dieser Alm zweifellos deutlich höher.

Tel: 0676 960 4415

6672 Nesselwängle

www.schneetalalm.at
info@schneetalalm.at

SCHATTWALD REUTTE

MITTLERE STUIBENALM

Im Sommer bewirtschaftet man die Mittlere Stuibenalm (zum Teil auch Stuibenalpe), die eine Sennalpe ist. Sie liegt im Talkessel, durch den der Stuibenbach fließt. Im Süden wird das Tal durch den Ponten begrenzt, im Westen sind es der Iseler und das Wannenjoch. Auf der anderen Talseite wiederum findet man den Wannenjoch-Sessellift. Auf der Alm selbst wird man mit traditioneller Tiroler Almkost verwöhnt: Naturjoghurt, hausgemachte Mehlspeisen, Speck und diverse Almprodukte. Auf den Weiden rund um die Stuibenalpe grasen Kühe, Schafe und ein paar Ziegen.

Tel: 05675 5127
0676 382 5197
6677 Schattwald
Steig 8

STEEG/LECHTAL REUTTE

BOCKBACHER ALMWIRTSCHAFT

Authentisch mit eindrucksvoller Speisekarte: So präsentiert sich die Bockbacher Almwirtschaft, die eine Jausenstation im Lechtal ist. Das Brot etwa ist selbst gebacken und ausgezeichnet, die von eigener Hand gedrehten Speckknödel großartig. Dasselbe gilt auch für Käse, Speck und Wurst. Auch wenn das Wetter einmal nicht mitspielen sollte und damit die Terrasse keine ernsthafte Option ist, wird in der Stube drinnen zünftig aufgespielt. Der Weg zur Alm nimmt eine gute Stunde ab Steeg in Richtung Warth in Anspruch. Ein Weg, der sich lohnt – nicht nur wegen des Panoramas.

Tel: 0676 349 42 35
6655 Steeg/Lechtal
hauser.melitta@gmx.at

STOCKACH/LECHTAL REUTTE

SULZLALM

Die Sulzlalm, schön auf 1.466 Metern gelegen, erfreut sich großer Beliebtheit als Ausflugsziel. Verständlicherweise, denn der Weg auf die Alm ist mit seinen rund 4,5 Kilometern und einer Circa-Gehzeit von 1,5 Stunden wirklich bequem und nicht zuletzt familienfreundlich. Die Alm bewirtschaftet die Familie Hägele, Neueinsteiger, die vor wenigen Jahren einen sehr guten Start hinlegte. Besonders hervorzuheben und zu empfehlen ist der Kaiserschmarren, der auch davon lebt, dass die Hühner mit auf der Alm sind und deshalb täglich frische Eier liefern. Die Milch dazu stammt von den Kühen der Familie Moosbrugger von der Post in Lech.

Tel: 0676 424 7950
6653 Stockach/Lechtal
Hauptstraße
www.sulzlalm.at
info@sulzlalm.at

TANNHEIM

REUTTE

ÄLPELE

Unverrückbar! Das Schöne an Perlen und Juwelen ist, dass sie recht resistent gegen Veränderungen sind. Diesen Satz lassen wir beim Älpele einfach stehen. Weil – wie wir im letzten (und auch im vorletzten und im vorvorletzten) Jahr schon geschrieben haben: Wir halten das Älpele für ein Juwel. Die Almwirtschaft liegt in einem kleinen Bergkessel, in dem man ungestört die Stille und die Kraft der Berge genießen kann. Außerdem kommt man auch sportlich auf seine Kosten. Ist man bei der Alm angelangt, hört der Weg auf. Von hier aus geht es nicht mehr weiter und nur auf demselben Weg zurück. Davor aber winkt eine deftige Stärkung mit kraftvollen Suppen und einer guten Almbrotzeit.

Tel: 05675 6366
0676 780 48 88

6675 Tannheim
Innergschwend 4

www.gaestehaus-zoller.at
info@gaestehaus-zoller.at

© Viktoria Dreger

VILS

REUTTE

VILSER ALM

Eine leichte Wanderung in der Naturparkregion Reutte führt zur Vilser Alm. Das relaxte Wandererlebnis führt dennoch zu einer sensationellen Aussicht. Der Spaziergang, der garantiert auch Kindern zugesagt, hat außerdem den Vorteil, dass sich auf der Vilser Alm ein großer Spielplatz befindet. Das ermöglicht Eltern und auch sonstigen Genießern das volle Programm: Denn das kulinarische Angebot kann sich sehen lassen. Die selbst gemachten Speckknödel spielen in der Oberliga, ebenso der Kaiserschmarren. Die Vielfalt bei den Marenden ist groß, das Lechweg-Bier kommt direkt von der Privatbrauerei Vils. So geht Regionalität!

Tel: 0720 205 181

6682 Vils
Vilser Alpe 68

www.vilseralm.at
info@vilseralm.at

Mi–So 11–19 Uhr
✱ bis 10. Mai 2023

© Rene Paulweber

ACHENKIRCH — SCHWAZ

ZÖHRERALM

Eine leichte Wanderung führt vom Posthotel hinaus zur Zöhreralm, die auf 1.335 Metern liegt. Reich belohnt wird der Wanderer dort vor Ort, denn der Blick reicht weit ins Karwendelgebirge hinein. Wer noch Wanderenergie übrig hat, dem sei empfohlen, von der Alm aus den Hochunnütz und einige weitere spannende Ziele rund um Achenkirch anzusteuern. Auf der Alm selbst gibt es zwar lediglich kalte Platten und zünftige Marenden, die allerdings von allerhöchster Qualität sind. Kein Wunder, denn auf der Alm, die vom Posthotel in Achenkirch betrieben wird, kommen fast ausnahmslos Produkte aus der eigenen Landwirtschaft auf den Tisch.

Tel: 0664 540 1687
6215 Achenkirch
Nr. 382
www.posthotel.at
joh_gruber@aon.at
Do–Di von 10–16 Uhr
✻ Mi

FINKENBERG — SCHWAZ

GAMSHÜTTE

Urig, charmant, wunderschön: So lässt sich die Schutzhütte „Gamshütte", die auf knapp 2.000 Metern in den Zillertaler Alpen liegt, treffend beschreiben. Der Ausblick von der Sonnenterrasse ist außerdem außergewöhnlich , denn der Blick reicht ins Zillertal Richtung Rastkogel, Tuxer Alpen und nach Mayrhofen. Die Gamshütte ist die erste – oder letzte, je nachdem – Station des Berliner Höhenwegs. Offen ist die Hüte von Mitte Mai bis Ende September. Erst kürzlich wurde die Hütte renoviert, nun erstrahlt sie in neuem Glanz. Es gibt einfache, aber ganz ausgezeichnete Gerichte.

Tel: 0664 428 2969
6292 Finkenberg
Brunnhaus 417
www.gamshuette.at
info@gamshuette.at
tgl. 7–15 und 16–20 Uhr
✻ bis Ende Mai 2023

FÜGENBERG — SCHWAZ

GARTALM-HOCHLEGER

Bruno besuchte 2006 die Gartalm. Der berkannte Braunbär ließ sich kurz blicken, naschte vom Honig und verschwand im Anschluss auch schon wieder in den Bergen. Seither gibt es jedenfalls den Bärenweg und die Alm ist weit über die Grenzen des Zillertals hinaus bekannt. Der Aufstieg ist aus zwei Richtungen möglich: von der Zillertaler Seite über Hochfügen (über die Schellenbergalm) oder über den Pillberg. Dieser Weg ist deutlich attraktiver als der Weg übers Zillertal und führt über das Kellerjoch. Rund 70 Kühe verbringen regelmäßig ihren Sommer auf der Gartalm, was die Almmilch zu einem absoluten Highlight macht.

Tel: 05288 62494
0676 322 55 99
6264 Fügenberg
Geolstraße 50
www.hubertus-zillertal.com
info@hubertus-zillertal.com
Mo–So 10–17 Uhr

GERLOS SCHWAZ

LACKENALM

Vorsicht: Die Lackenalm, die eigentliche Alm also, das sind die weiter südlich vorfindbaren Stallungen. Genießer werden eher mehr Freude mit der Jausenstation haben, die recht modern anmutet und ein Gasthof ist. Der Blick auf die Karte zeigt dann klassische Tiroler Alm- und Hüttenkost wie etwa Gröstl, Knödel, Schmarren, Marenden und Brotzeiten, Almprodukte und Speck. Eine absolute Empfehlung ist stets das „Lackenalmbrettl", genauso wie der saure Graukas oder die Zillertaler Krapfen. Klarerweise, denn immerhin ist man in Gerlos beziehungsweise im mittleren Schönachtal und somit mitten in Tirol. Was auch heißt: Zirbenschnaps und Nussener sind natürlich selbst angesetzt – sie wärmen und müssen unbedingt probiert werden.

Tel: 0664 405 0204
6281 Gerlos
Nr. 244

© Lackendlm

WIMMERTALALM

Im mittleren Wimmertal, einem kleinen Seitental des Gerlostals im Zillertal, befindet sich die Wimmertalalm. Präziser und bildhafter könnte man auch sagen, dass sie sich an der Kirchspitze befindet. Der Aufstieg verlangt keine großen Mühen: Er ist absolut familientauglich und sowohl vom Kleinkind als auch von der Oma oder dem Opa bewältigbar. Dennoch ist der Lohn, wenn man oben angekommen ist, reichlich. Beste Almkost bietet vor allem die Klassiker, etwa ein großartiges Wiener Schnitzel oder einen ebensolchen Kaiserschmarren. Zudem können Freunde der Destillatkultur hier einiges entdecken, das deutlich über den traditionellen „Willi" hinausgeht. Auch die überdurchschnittlich guten Liköre des Hauses sollten verkostet werden.

Tel: 05244 61808
0664 915 4274
6281 Gerlos
Gerlos 19

GINZLING

BERLINER HÜTTE

Auf das Jahr 1879 geht die Berliner Hütte als Schutzhütte zurück, als sie als erste Hütte ihrer Art in den Zillertaler Alpen eingeweiht wurde. 1885 gab es dann den ersten Erweiterungsbau, in den darauffolgenden Jahren entstand das dreigeschossige Logierhaus – außerdem noch ein weiterer Speisesaal, der Damensalon und ein Matratzenlager. Ende des 19. Jahrhundert bekam die Hütte einen Telefonanschluss sowie ein Postamt und eine Schuhmacherwerkstatt. Auch kulinarisch beeindruckt die Hütte: Es gibt eine großartige Knödelvielfalt und ein dreigängiges Menü am Abend, das über die klassische Hüttenverpflegung deutlich hinausgeht. Auch das Frühstück ist vom Feinsten.

Tel: 05286 20062
0664 887 87025

6295 Ginzling
Zemmgrund 282

www.berlinerhuette.at
info@berlinerhuette.at

tgl. 6–22 Uhr von ca. Anfang Juni bis Ende September

© Tirol Werbung Schwarz Jens Mayrhofen

KLAUSENALM

Die Familie Geisler führt die Zemmtaler Klausenalm bereits in dritter Generation. Die Karte ist ebenfalls altbewährt: Zillertaler Spezialitäten wie Graukassuppe, diverse Knödel und Almschmarren, Holzknechtkrapfen und „Zerggl“, wie die Zillertaler die Pressknödel nennen. Wöchentlich findet einmal der Hüttenabend statt, an dem klassische Alm- und Hüttenkost kredenzt wird, dazu gibt es die üblichen heimischen Biere und Schnäpse.

Tel: 05286 5252
0664 541 4717

6295 Ginzling
Ginzling 276

www.klausenalm.at
info@klausenalm.at

OLPERER HÜTTE

Spektakulär: Das ist der einzige Begriff, der einem bei den Ausblicken von der Olperer Hütte im Zillertal einfällt. Oberhalb der Hütte führt eine Brücke über ein recht schmales Rinnsal. Ebenjene ist eher winzig, aber ein sehr beliebtes Fotomotiv. Kulinarisch geht es authentisch zu: Katharina und Manuel Daum sind für die exzellente Küche verantwortlich, Qualität und Herkunft der Produkte stehen im Zentrum der Bemühungen. Die Zillertaler Pressknödelsuppe ist stets ein wahres Gedicht, aber auch Knödel und Salat sind auf einem sehr guten Niveau unterwegs. Tiroler Gröstl, Kaiserschmarren und Graukasknödel komplettieren den Genuss auf der Hütte.

Tel: 0664 417 6566

6295 Ginzling
Dornauberg 110

www.olpererhuette.de
info@olpererhuette.de

täglich 10–19 Uhr
bis Ende Mai 2023

HINTERRISS SCHWAZ

ALMDORF ENG

Jedes Karwendler Schulkind kennt die „Eng", wie sie von den Einheimischen genannt wird. Immerhin gehört das Almdorf Eng zum Pflichtprogramm der jährlichen Volksschulwandertage. Aber auch für erwachsene Wanderer ist es ein großartiger Ausgangspunkt für Erkundungen und Spaziergänge im Karwendel. Kulinarisch ist das Almdorf ebenfalls außerordentlich spannend. Weil zum Almdorf auch eine Schaukäserei gehört, in der man den Käserinnen und Käsern über die Schulter schauen kann, wenn der prämierte Eng Alm Bergkäse entsteht. Für Kinder steht ein Spielplatz zur Verfügung. Der Ahornboden, jene mit Ahornbäumen bewachsene Lichtung, ist aber so groß und weitläufig, dass man dort reichlich Ruhe findet.

Tel: 0524 52 26
0676 841 185 20

6215 Hinterriss
Eng Alm 11

www.engalm.at
info@engalm.at

FALKENHÜTTE

Spektakulär gelegen vor den Laliderer Wänden, ist die Falkenhütte eine allgemein zugängliche bewirtschaftete Alpenvereinshütte die mit traditioneller Holzvertäfelung und einer gemütlichen Stube punkten kann. Ob man das Mountainbike oder das Zu-Fuß-Gehen bevorzugt, ob als Tagesziel oder als Übernachtungsplatz: Der Besuch der Hütte inmitten des Naturparks Karwendel lohnt sich eigentlich immer. Die Wirtsfamilie Rackwitz-Hartmann kredenzt ihren Gästen Tiroler Küche auf der Sonnenterrasse, die Gerichte können sich wahrlich sehen lassen: herzhafter Speck und großartiger Kaiserschmarren!

Tel: 05245 245
6215 Hinterriss
www.alpenverein-muenchen-oberland.de/huetten/alpenvereinshuetten/falkenhuette

© Tirol Werbung Schwarz Jens

HOCHFÜGEN IM ZILLERTAL — SCHWAZ

HOLZALM

Die Holzalm im Skigebiet Höchfügen-Kaltenbach im Zillertal präsentiert sich als echter Ort der gelebten Gastlichkeit. Zu erreichen ist sie mit dem Holzalmlift oder dem Zillertal-Shuttle. Mitten im Skigebiet gelegen, ist sie wahrlich prädestiniert für so manchen Einkehrschwung von skifahrenden Genussmenschen. Die Architektur ist noch dazu stilvoll, der Mix der benutzten Materialien gut durchdacht. In der Küche herrscht der Qualitätsanspruch vor: Beim Fleisch verzichtet man auf Kalbfleisch, der Fokus liegt auf dem AMA-Gütesiegel und der heimischen Herkunft. Die Steaks sind grandios, aber auch der Rest der Karte ist nicht von schlechten Eltern.

Tel: 0664 887 86730
6263 Hochfügen im Zillertal
Holzalm 10
www.holzalm.com
rita@holzalm.com
tgl. 9–16 Uhr

KALTENBACH/ZILLERTAL SCHWAZ

WEDELHÜTTE

im Ski- und Wandergebiet Hochzillertal

„Wedeln", das ganz offensichtlich vom Skifahren herrührt, kann man hier auch im Sommer, denn der Einkehrschwung gelingt zu jeder Jahreszeit souverän. Die Wedelhütte, Name hin oder her, ist jedenfalls bei Genießern längst bekannt und beliebt. Dabei ist sie wandlungsfähig: Im Winter etwa ist sie definitiv eine Skihütte mit luxuriösem Ambiente und spannendem Speisekonzept. Man hat die Qual der Wahl und muss sich zwischen Gourmet Lounge oder Fine Dining entscheiden. Die Weinkarte kann sich sehen lassen, das Angebot an edlen Destillaten überzeugt und auch der Service ist ebenfalls höchst professionell aufgestellt.

Tel: 0676 886 325 70

6272 Kaltenbach/Zillertal

www.wedelhuette.at
reservierung@
wedelhuette.at

täglich 8–24 Uhr

© Tirol Werbung Bauer Frank

MAURACH AM ACHENSEE SCHWAZ

DALFAZ ALM

Hoch über dem Achensee thront die Dalfaz Alm. Das ist dann auch eines der markantesten Bilder runter von dieser herrlichen Alm: Der Blick auf den lang gezogenen See. Aber auch auf anderer Ebene überzeugt die Dalfaz Alm: das wunderbare Panorama insgesamt und ein entspannter und gleichermaßen spannender Aufstieg. Oben angekommen wird man zudem mit allerlei Selbstgemachtem verwöhnt. Überhaupt ist so ziemlich alles, was hier auf dem Teller seinen Platz findet, aus der eigenen Produktion: Lamm, Schwein und Rind. Oder Wildbret, das auch aus der eigenen Jagd stammt.

Tel: 0664 915 98 07

6212 Maurach am Achensee
Steinbergergasse 8

www.dalfazalm.at
renate@dalfazalm.at

© Tirol Werbung Rathmayr Michael

ERFURTER HÜTTE

Die Erfurter Hütte hat, wie es bei traditionellen Alpenvereinshütten halt so ist, den Vorteil, ein idealer Ausgangspunkt für viele Wanderungen und kleinere Expeditionen zu sein. Aber damit erschöpft sich ihr „Nutzen" nicht. Denn dort finden auch immer wieder Seminare statt und das Speiseangebot ist tatsächlich stattlich, umfassend und eindrucksvoll. Die Bandbreite reicht von Spinatknödel bis zu Erdäpfelblattln mit Sauerkraut. Probieren muss auch die Kalbsleber „Tiroler Art", eines der wenigen mittlerweile im Mainstream beheimateten Innereiengerichte.

Tel: 05243 5517
0664 514 68 33

6212 Maurach am Achensee
Rofan 3

www.erfurterhuette.at
info@erfurterhuette.at

täglich 9–19.30 Uhr
✱ April und November 2023

© Tirol Werbung Schwarz Jens

MAYRHOFEN — SCHWAZ

GREIZER HÜTTE

Auf 2.227 Metern liegt sie, die Greizer Hütte, die eine Schutzhütte des Deutschen Alpenvereins ist. Oberhalb des Floitengrunds in den Zillertaler Alpen gelegen, wurde sie 1893 von der Sektion Greiz erbaut, bis 1912 wurde sie lediglich von Trägern versorgt. Durch den Bau eines Saumpfads ließ sich diese Situation verbessern. Der Ausgangspunkt der Säumerei lag lange Jahr in Ginzling und führte durch die Floite, bis dann ein zur Bockbachalm geschaffener Fahrweg die zu säumende Strecke verkürzte. Kulinarischer Genuss ist hier garantiert, denn die Hüttenküche träg das Gütesiegel „So schmecken die Berge".

Tel: 0664 140 5003

6295 Mayrhofen
Dornaustraße 616

www.alpenverein-greiz.de/huetten-einrichtungen/huetten/greizer-huette/
greizerhuette@aon.at

GRÜNE WAND HÜTTE

Im Stillupgrund bei Mayrhofen im Zillertal findet man die Grüne Wand Hütte. Erreichbar ist sie über eine Forststraße, auf der man auch mit dem Mountainbike fahren kann. Verständlich somit, dass die Hütte im Sommer auch äußerst gut frequentiert ist. Auch der Weitwanderweg 02, der Österreichische Zentralalpenweg, führt an der Grünen Wand Hütte vorbei. Ihren Namen hat die Hütte von der Grünen Wand Spitze, die am Talschluss mit 2.946 Metern die Grenze zum Südtiroler Ahrntal markiert. Kulinarisch setzt man hier auf Klassiker der alpinen Hüttenkost, wobei die Qualität durchaus eindrucksvoll ist und die Marenden deftig sind.

Tel: 0664 105 1404

6290 Mayrhofen
Stillup 966

gruenewandhuette@a1.net

tgl. 10–17 Uhr,
Mitte Mai bis Mitte Okt. 2023

ZIMMEREBEN

Das Zimmereben ist ein wichtiger Treffpunkt, vor allem für Kletterer und Bergfexe. Wer sich nicht zu dieser Zielgruppe zählen sollte, bekommt bei dieser Location aber auch ausschließlich auf kulinarischer Ebene einiges geboten. Das altbekannte Gericht Cordon bleu sollte mit Graukas bestellt werden, denn das ergibt eine durchaus interessante Auslegung dieses Wirtshausklassikers. Freunde der alpinen Alm- und Hüttenkost kommen ebenfalls auf ihre Kosten: Suppen, Kaspressknödel, Hüttentoast und Bauernomelett befinden sich auf der Speisekarte. Retro-Fans werden von der Eiskarte angetan sein, denn Bananensplit und Coupe Dänemark sind Fixstarter. Übrigens: Das Zimmereben lässt sich auch mieten, beispielsweise für Events und Feiern – von der Hochzeit bis zum Seminar.

Tel: 0664 380 6203
6290 Mayrhofen
Zimmereben 646
www.zimmereben.at
info@zimmereben.at

PERTISAU SCHWAZ

ALPENGASTHOF GERN ALM

Die Gern Alm gehört zum Gebiet des Achensees, liegt circa fünf Kilometer von Pertisau entfernt und bietet ein herrliches Panorama. Die Atmosphäre ist familiär, prägt die Alm und sorgt für erholsame Urlaubstage mit herausragender Kulisse. Achentaler Kaspressknödel, deftige Marenden und Jausen, Käsespätzle sowie Wiener Schnitzel laden zum Verweilen ein. Gebirgsforellen werden im eigenen Teich gezüchtet und kommen fangfrisch auf den Teller. Das Wild fürs Wildbret wird im eigenen Revier geschossen und die Pilze im eigenen Wald gesammelt. Ein schlüssiges kulinarisches Konzept also und eine Küche, in der man das Handwerk versteht und mit reichlich Leidenschaft am Kochen ist.

Tel: 05243 5579
6213 Pertisau
Nr. 24 a
www.gernalm.at
info@gernalm.at

FALZTURNALM

Dass die Falzturnalm, eigentlich ja Alpengasthaus Falzturn, ein kulinarischer Gewinn für die Achenseeregion ist, ist unbestritten. Denn die Speisekarte ist umfangreich und erstaunlich vielfältig, es gibt beispielsweise allerlei klassische Almkost wie Almtoast oder Bauernomelett, aber auch Holzfällersteak und Wiener Schnitzel. Nicht links liegen lassen sollte man zudem die hausgemachte Sulz und das Trio mit Kasnocken, Schlutzkrapfen und Spinatknödel. Auch zu empfehlen sind die süßen Gerichte des Hauses. Neben Apfel- und Tropfenstrudel gibt es zudem eine wirklich ausnehmend gute Linzer Torte. Bei Schönwetter lassen sich alle diese Köstlichkeiten zudem mit herrlichem Ausblick aufs Sonnjoch genießen.

Tel: 0664 342 0236
6213 Pertisau
Falzturnstaße 16
www.falzturn.at
info@falzturn.at

FEILALM

Die Lage ist es, die die Feilalm zu etwas wirklich Außergewöhnlichem macht. Hier gibt es einen Achenseeblick hoch über Pertisau, der sich wirklich sehen lassen kann. Die Alm selbst ist zum Teil noch in ihrer ursprünglichen Verfassung aus dem Jahr 1713 erhalten – sie hat also ganz schön viel Geschichte vorzuweisen. Unterscheiden kann man die Alm von anderen Almen aber auch wegen des ausgesprochen flaumigen Kaiserschmarrens, der nach einem historischen Rezept aus dem Jahr 1948 zubereitet wird. Maria Knapp erzählt gerne, dass es seither unverändert geblieben ist. Nach einem Bissen glaubt man ihr das vorbehaltlos: Er ist frisch, einfach, grandios.

Tel: 0676 601 5841
6213 Pertisau
Feilkopf 1
www.feilalm.at
info@feilalm.at
täglich 8–18.30 Uhr
variabel

PILL — SCHWAZ

ALPENGASTHOF LOAS

Es ist ein wunderschöner Spaziergang, rauf auf die Loas. Die meisten gehen ihn vom Parkplatz am Pillberg weg. Im Winter ist dieser Abschnitt die Rodelbahnstrecke. Einige fahren mit dem Bike hinauf. Und die ganz Sportlichen gehen vom Tal aus hinauf. Oben angekommen werden alle belohnt. Mit einem zauberhaften Blick rüber auf den Weerberg und weiter ins Inntal. Die Loas ist auch ein guter Ausgangspunkt für weitere Erkundungen. Gamssteinhaus, Kellerjoch, Gilfert. Was Wanderer und Rodler gleichermaßen auf den Berg lockt: die Wiener Schnitzel, die weit über die Grenzen des Karwendels hinaus bekannt sind – auf offener Flamme zubereitet und weit über den Tellerrand hinausreichend.

Tel: 05242 62568
6136 Pill
Loasweg 9
www.loas.at
loas@gmx.net
Di–Sa 11–20, So 11–18 Uhr
variabel

RODEL TONI

Die Idee stammt von Peter Unterlechner, dem Hotelier des Hotels Grafenast, das gleich nebenan liegt. Als die Frage virulent war, wer denn das Lokal bei der Mittelstation der Kellerjochbahn wie bespielen sollte, war es jedenfalls klar für ihn. Heute ist der Rodel Toni ein trendiges Panoramacafé, das sich nur rund 15 Minuten vom Ortskern in Schwaz entfernt befindet und etwa mit dem Bus gut zu erreichen ist. Vor Ort geht es kreativ zu: Es gibt eine Fleischkas-Bar, einen Speckbrot-Toast oder den warmen Honig-Thymian-Schinken. Für die Kulinarik zeichnet sich das Grafenast-Team verantwortlich. Kein Wunder also, dass dabei nichts schiefgeht.

Tel: 05242 21012
6136 Pill
Kellerjochbahn Station
Grafenast, Pillbergstraße 211
www.rodeltoni.at
rodeltoni@grafenast.at

© Biohotel Grafenast

RAMSAU

SCHWAZ

KRISTALLHÜTTE

Man muss es sagen: Die Kristallhütte im Gebiet Hochzillertal ist ein absolutes Unikum. Sie ist eine spannende Mischung: ein wenig Alm und ein wenig Fine Dining. Klar ist jedenfalls, dass die Spitzenkulinarik mit alpinem Einschlag zu Recht fixer Bestandteil der Tiroler Gastrolandschaft ist. Angelockt von den Ambitionen der Kristallhütte, werden vor allem Wintersportler mit Genussambitionen und natürlich auch Genießer mit sportlichem Ehrgeiz. Alle eint, dass sie das großartige Essen mögen und die Kombination aus spektakulärem, alpinem Ambiente und grooviger Loungemusik zu schätzen wissen.

Tel: 0676 886 324 00
6284 Ramsau
Ramsau 425
www.kristallhuette.at
info@kristallhuette.at
tgl. 8–17 Uhr
Mitte April–Ende Juni 2022

© Tirol Werbung Jantscher Thomas

SCHWAZ

HECHERHAUS

Einfach nur „der Hecher“: So nennen die Einheimischen das Hecherhaus. Es hat seinen Namen jedenfalls von einer Schwazer Skirennläuferin, Traudl Hecher. Naheliegend also, dass ihr Porträt, ebenso wie der Schriftzug „Alpine Lodge“ im Logo des Hecherhauses vorkommen. Der „Hecher“, eine Verbindung von Tradition und Moderne auch auf den anderen Ebenen, eröffnet bei Schönwetter ein gewaltiges Panorama: Inntal, Karwendel, Alpenhauptkamm. Eine Zeit lang war es still ums Hecherhaus geworden, jetzt ist zum Glück der neue Wirt, kurz „Wuf“ genannt, am Ruder und gibt ordentlich Gas.

Tel: 05242 66070
6130 Schwaz
Schlingelberg 11
www.hecherhaus.at
info@hecherhaus.at
So–Fr 11–18 und Sa 11–20 Uhr

KELLERJOCHHÜTTE

Claudia Schranz und Christian Lorenz haben erst wenige Almsaisonen auf dem Buckel, doch sie haben es bereits geschafft, der Kellerjochhütte nachhaltig neues Leben einzuhauchen. Dafür haben sie aber auch eine gute Basis, denn in Sachen Landschaft und Ausblick ist das Kellerjoch kaum zu toppen. Doch auch kulinarisch gibt es hier einiges zu sehen und zu schmecken. Denn außergewöhnlich gut sind die Speck- und die Kaspressknödel mit Schlamperkraut, der „Nepalesisch-Tiroler Linsen- und Gemüsetopf“, das Kasmus oder – für sehr ambitionierte Frühaufsteiger – das „Silberzehner Aufweckerl“.

Tel: 0650 611 2171
6130 Schwaz
Zintberg 67
www.kellerjoch.at
info@kellerjoch.at
Juni–Mitte Okt. 2023: tgl. 10–21 Uhr

© Tirol Werbung Schwarz Charly

Bei der Zusammenstellung dieses Guides ließen wir größtmögliche Sorgfalt walten, trotzdem können Daten falsch oder überholt sein. Eine Haftung können wir auf keinen Fall übernehmen.

TERFENS — SCHWAZ

GANALM

Die Ganalm ist ein richtiger Geheimtipp, das Essen wahrlich außergewöhnlich. Noch dazu ist sie die vermutlich urigste Alm im Karwendel und befindet sich am Umlberg oberhalb des Vomper Lochs. Es gibt keinen Strom und in der Stube mischen sich die unterschiedlichen Düfte von Küche und Kuhstall. Zum Kochen dienen jedenfalls die einfachsten Mittel, die Ergebnisse sind aber atemberaubend gut. Den Kaiserschmarren macht man auf dem und im Holzofen, Hermann, der Hüttenwirt, produziert aber auch selbst gemachte Würste. Die Jausenbretter sind rustikal und bodenständig, die Getränke werden vom Bergwasser gekühlt.

Tel: 0650 843 7994
6123 Terfens
Umlberg

TUX
SCHWAZ

BICHLALM

Zu Recht darf man die Bichlalm zu den attraktivsten Ausflugszielen in Tux zählen. Das liegt nicht nur daran, dass sie einen Blick auf den Hintertuxer Gletscher bietet. Sie liegt jedenfalls an den Hängen des Hinteren Tuxertals und wird ganzjährig bewirtschaftet. Der Aufstieg ist recht simpel und in einer Dreiviertelstunde erledigt. Für gemütlichere Genießer gibt es auch die Option, mit der Gletscherbahn zur Mittelstation zu fahren und von dort aus stetig, aber nicht steil bergab zur urigen Alm zu gehen. Genuss bekommt man so oder so: vom Almfrühstück über herzhafte Jausen bis hin zum Dinner mit gehobener Tafelkultur.

Tel: 05287 8524
6293 Tux
Vorderlanersbach 148
www.jagdhof-tux.at/de/bichlalm-hintertux
info@jagdhof-tux.at

© Bichlalm

WEERBERG
SCHWAZ

WEIDENER HÜTTE

Gipfelveteranen und Bergliebhabern ist die Weidener Hütte noch als Nafingalm geläufig. Der Name hat sich also geändert, Lage und Adresse (Nafingalm 10) sind gleich geblieben. Überraschend sind die Speisen: Die nepalesisch beeinflussten Gerichte sind ebenso köstlich wie die Tiroler Gerichte mit Südtiroler Einschlag. Der Aufstieg – von Innerst ist man in eineinhalb Stunden am Ziel, von Kolsassberg aus in knapp vier – lohnt sich aber nicht nur dafür. Auch die angebotenen Kräuterworkshops und Kräuterwanderungen sind sehr empfehlenswert.

Tel: 05224 22525
0664 881 099 40
6133 Weerberg
Nafingalm 10
www.weidener-huette.at
info@weidener-huette.at

ZELL AM ZILLER
SCHWAZ

KREUZWIESENALM
Schmankerlhütte

Die auf knapp 1.900 Metern in der Zillertal Arena gelegene Alm nennt die eigene Küche bevorzugt „Schmankerlküche". Auf die konkrete Ebene runtergebrochen bedeutet das, dass bei Gerichten und Getränken, bei denen Milch involviert ist, auf Heumilch zurückgegriffen wird. Und das ist auch gut so! Die Versorgung wiederum wird allerdings „über die Bande" gespielt. Die Rohmilch der eigenen Landwirtschaft wird an die Sennerei Zillertal abgeliefert, die verarbeiteten Produkte wiederum von dieser bezogen. Ein positiver Kreislauf! Noch dazu bekommt man hier eine absolute Rarität: Das Melchermuas mit Granten muss unbedingt gekostet werden!

Tel: 0664 390 03 44
6280 Zell am Ziller
Gerlosberg 17c
www.kreuzwiesenalm.at
info@kreuzwiesenalm.at
tgl. 9–18 Uhr

INDEX A–Z

W

Z

NOTIZEN